管理技能开发与实务

Guanli jineng kaifa yu shiwu

李明辉　王　昶○编著

湖南人民出版社

图书在版编目（CIP）数据

管理技能开发与实务 / 李明辉，王昶编著. —长沙：湖南人民出版社，2013. 8（2023. 11）
ISBN 978-7-5438-9724-3

I. ①管… II. ①李… ②王… III. ①企业管理 IV. ①F270

中国版本图书馆CIP数据核字（2013）第201648号

GUANLI JINENG KAIFA YU SHIWU

管理技能开发与实务

编 著 者 李明辉　王　昶
责任编辑 黎晓慧　李思远
装帧设计 黎　珊

出版发行 湖南人民出版社［http://www.hnppp.com］
地　　址 长沙市营盘东路3号
邮　　编 410005
经　　销 湖南省新华书店

印　　刷 湖南志翔印务有限公司
版　　次 2013年8月第1版
印　　次 2023年11月第9次印刷
开　　本 710 mm × 1000 mm　1/16
印　　张 15
字　　数 300千字
书　　号 ISBN 978-7-5438-9724-3
定　　价 39.00 元

营销电话：0731-82683348　（如发现印装质量问题请与出版社调换）

前言
Qianyan

从事管理方法与艺术教学多年，我们深感一本合适的教材对教师讲授和学生学习管理技能的重要性。先后使用过一些相关教材，它们各有所长。随着企业对掌握实用管理技能人才需求的增长，学生对学习实用的企业管理知识并掌握一般管理技能的要求也不断提高，传统的注重系统理论知识体系的教材难以满足这方面的要求。为此，我们几个曾经为企业提供管理咨询服务并积累了一些管理经验的教师，希望能在管理技能教育与培训教材的开发上有所创新。经过大家的努力，《管理技能开发与实务》一书得以编著完成。与传统的注重理论知识系统性的教材不同的是，它聚焦于管理实践中经常需要解决的问题及相应的可操作性的管理方法与技能。

本书将企业管理者在经营管理过程中面临的一系列管理问题，编制成一个个相对独立的管理任务，比如决策分析、组织结构、团队组建、计划制订、绩效考核、员工激励和管理沟通等，旨在通过对这些管理任务的描述、分析和解决方案设计等来演绎企业管理者所必须掌握的管理知识与操作技术。在设定的具体的企业背景下，每个管理任务模块，都将一个管理方案的设计过程及具体内容完整地展示出来；同时，为方便学生深刻理解方案设计技术，在每个关键设计环节之前都对方案设计的思路进行了必要的阐述，使学生能够了解与掌握方案设计的思路、过程及具体内容，便于其学习与应用（为方便教学的需要，方案中的数据做了技术处理或采用模拟数据，不作为实际运用之用）。另外，为使本书能将理论与实践相结合，也方便学生的进一步深入学习，在每个管理任务的方案设计过程中，以知识摘要的形式穿插了相关的理论知识介绍。每章后还提供了与特定任务模块紧密相关的案例，供学生学习和借鉴。

需要说明的是，由于侧重实践技能的训练，在任务模块的选取和编排、每个任务模块解决方案的结构设计方面，本书更多地考虑实际管理工作的需要和实践经验的体现，而在保持理论知识的系统性和完整性方面不可避免地有所缺失。这是本书编著者所追求的特色，也可能是创新所不得不付出的代价。

本书由湖南开放大学李明辉副教授和中南大学王昶教授担任主编，他们提出了全书总体思路、框架与编著大纲，并负责全书的统稿、各个任务模块内容的协调和定稿工作。本书各任务模块的内容及编著者分别如下：

任务一 业务领域决策分析 （李明辉、段庆华 湖南开放大学）

任务二 治理制度与组织结构设计（胡钢 长沙理工大学）

任务三 新产品开发团队组建（李明辉 湖南开放大学）

任务四 市场营销计划的制订（刘丹 湖南开放大学）

任务五 绩效考核体系设计（李明辉 湖南开放大学；刘卫东 中南林业科技大学）

任务六 员工激励机制设计（刘卫东 中南林业科技大学）

任务七 管理沟通机制设计（胡钢 长沙理工大学）

附 录 常用管理工具简介 （刘卫东 中南林业科技大学）

此次是根据企业管理的最新管理实践进行修订的，主要对大部学习案例及个别内容进行了更新与修订。在修订过程中，作者阅读、参考、吸收和引用了国内学者及企业管理者的研究和实践成果，对于这些学者和企业管理实践者，我们表示最衷心的感谢，同时还要感谢编辑为本书的修订及出版付出的辛勤劳动。

编著者

2023年8月

目录

任务一 业务领域决策分析

任务二　治理制度与组织结构设计

任务三　新产品开发团队组建

任务四　市场营销计划的制订

任务五 绩效考核体系设计

任务六 员工激励机制设计

任务七 管理沟通机制设计

任务一
业务领域决策分析

企业决策的成败直接影响人类经济的发展。美国管理协会《管理评论》杂志社在20世纪末列举了23项企业决策，认为这些决策是20世纪最重要的决策，它们在人类社会进程中深深地打下了自己的烙印。这些决策主要包括：1903年，亨利·福特建立第一条大规模汽车生产线的决策，它使人类走向了汽车时代。1929年，彼埃尔·杜邦建立现代公司会计制度的决策，现代企业从而获得了大发展的财务支持。1946年，美国统计学家戴明提出质量控制的决策，为丰田公司接受，质量控制为企业发展插上了翅膀。1950年，麦克纳马拉做出了实行个人信用卡的决策，它改变了整个世界买卖的本质。

● 背景材料

W公司将如何决策

20世纪90年代初，W公司依托原有的轮轴加工技术和压缩机技术进入制冷家电行业，主要生产和销售家用与商用空调， 20多年来，企业在激烈的市场竞争中不断发展壮大，现公司空调年生产能力超过600万台（套），年销售收入超100亿，占地总面积150万平方米，拥有员工6000余名。目前，家用空调拥有窗式、挂壁式、立柜式 3 大类、多个品种规格的系列产品；中央空调拥有户式中央空调、风冷模块机组、风冷柜机、水冷柜机等多个系列，满足了不同消费者的需求。W公司建立并逐步完善了国内销售网络，在国内各地建立了覆盖全国的销售办事处和用户服务机构，拥有了一批覆盖全国市场的经销商。W公司在实现国内市场稳健发展的同时，积极开拓国外市场，20世纪90年代末通过了ISO9001质量认证和ISO14001环境管理体系认证，取得了开拓国际市场的通行证，产品已经远销至东南亚、欧美等多个国家和地区，年出口销售量达100万台（套）。

20多年来，尽管W公司取得了较大的成功，但由于空调行业竞争激烈，公司始终处于国内二线空调品牌的地位，难以取得突破性发展，为此，公司希望开辟新的业务领域和利润增长点。经过初步的市场调查与研究，W公司看到了小家电市场的发展速度与发展空间，同时认为在进入小家电行业时能充分利用现有的技术与市场条件，因此，W公司决定选择家居小家电产品中的空气净化器进行深入分析，为公司最后决策提供科学分析依据。

● 任务要求

1. W公司进入家居型小家电产品空气净化器产品领域是否可行？

2. 如果可行，投资规模有两个选择方案：一是建设大厂，投资3000万元；二是建设小厂，投资规模为2000万元。应该选择哪个方案？

● 解决方案

一、总体设计思路

本次设计任务包含两个管理决策问题。一是W公司进入空气净化器产品领域的决策分析。W公司看到了小家电市场的巨大发展潜力，决定调整战略目标，改变现有的产品格局，从原来的大家电产品生产领域，进入小家电产品生产领域，参与小家电空气净化器产品领域的竞争，但这个初步的决策是否可行，需要进行决策分析。二是如果进入空气净化器产品领域可行，W公司选择多大的投资规模也需要进行决策分析。

对于进入空气净化器产品领域是否可行的分析，我们将利用PEST、德尔菲法等分析工具分析外部机会与威胁、内部优势与劣势，在这些分析的基础上作出决策。当确定进入空气净化器产品领域后，利用决策树分析工具，确定投资规模。

分析内容与分析工具如表1-1所示：

表1-1 分析内容与分析工具表

步骤	内　容	分析工具
1	宏观环境分析	PEST分析方法
2	行业分析	调查法
3	企业内部环境分析	调查法/德尔菲法
4	综合决策分析	德尔菲法
5	对企业投资规模进行决策	决策树法/德尔菲法

二、业务选择决策分析

（一）宏观环境分析

通过对企业所处的政治、经济、社会和技术等环境因素进行分析，从总体上把握宏观环境，并评价这些因素对W公司进入新的业务领域的影响，寻找市场发展机会，从而为W公司的业务决策提供依据。

知识摘要 1

PEST分析法

PEST分析是指宏观环境的分析，P是政治，E是经济，S是社会，T是技术。在分析企业或行业所处的宏观环境的时候，通常是通过这四个方面的因素来分析评价企业或行业所面临的状况。

1. 政治环境因素（P）

主要因素有：国际关系，政治干预，方针政策，政治局势，国体与政体等。

具体的影响因素有：企业和政府之间的关系，环境保护法，外交状况，产业政策，专利法，政府财政支出，政府换届，政府预算，政府其他法规等。

对企业战略有重要意义的政治和法律变量有：政府管制，特种关税，专利数量，政府采购规模和政策，进出口限制，税法的修改，专利法的修改，劳动保护法的修改，公司法和合同法的修改，财政与货币政策。

2. 经济环境因素（E）

主要因素有：宏观经济政策，经济基础结构，国家经济形势，经济发展水平，城市化进程，储蓄与信贷，消费结构，收入水平，人口变化等。

企业应重视的经济变量有：经济形态，可支配收入水平，利率规模经济，消费模式，政府预算赤字，劳动生产率水平，股票市场趋势，地区之间的收入和消费习惯差别，劳动力及资本输出，财政政策，贷款的难易程度，居民的消费倾向，通货膨胀率，货币市场模式，国民生产总值变化趋势，就业状况，汇率，价格变动，税率，货币政策等。

3. 社会环境因素（S）

主要因素有：风俗习惯，审美观念，宗教信仰，价值观念，语言文字，教育水平等。

值得企业注意的社会文化因素如下：企业或行业的特殊利益集团，对政府的信任程度，对退休的态度，社会责任感，对经商的态度，对售后服务的态度，生活方式，公众道德观念，对环境污染的态度，收入差距，购买习惯，对休闲的态度等。

4. 技术环境因素（T）

主要因素有：与企业所处领域的活动直接相关的技术手段的发展变化，国家对科技开发的投资和支持重点，该领域技术发展动态，技术转移和技术商品化速度，专利及其保护情况等。

1. 政治环境因素分析（P）

（1）国务院发布了《工业转型升级规划（2011—2015年）》，对企业明确了相关政策支持。

完善产业政策体系及功能。动态修订重点行业产业政策，加紧制定新兴领域产业政策，加强产业政策与财税、金融、贸易、政府采购、土地、环保、安全、知识产权、质量监督、标准等政策的协调配合。

重点支持和引导创新要素向企业集聚，使企业真正成为研究开发投入、技术创新活动、创新成果应用的主体。进一步研究落实财政、投资、金融等政策，引导企业增加研发投入。

加大财税支持力度。整合相关政策资源和资金渠道，加大对工业转型升级资金支持力度，加强对重点行业转型升级示范工程、新型工业化产业示范基地建设、工业基础能力提升、服务型制造等方面的引导和支持。

（2）营业税改增值税的政策将减轻企业税赋。

财政部、国家税务总局关于“营业税改征增值税试点方案”已于2012年1月1日开始试点，今后将逐步扩大至全国、全行业范围。营业税改征增值税将有利于减少营业税重复征税，全面改善我国的出口税收环境，降低企业的税赋，提高企业的盈利水平，促进企业的持续发展。

（3）中国家用电器协会发布了中国家用电器工业“十二五”发展规划对小家电产品的开发提出了明确要求。

积极推广与开发小家电产品。提高小家电出口产品的档次，逐步在全球小家电市场占有主导地位。重点扩大小家电的国内市场，根据国内消费者的消费习惯，开发新颖、便利和时尚的小家电产品，包括厨房类小家电、清洁通风类、健康型、美容保健类小家电等。

大力发展新兴家电产品，创造新的需求。结合技术开发能力和节能减排的要求，大力开发具有市场潜力的新兴家电产品，包括太阳能/电能混合能源产品；热泵热水器等；健康类家电，包括家用净水器、空气净化器等。

加强消费引导工作。借助政策引导和媒体宣传，提高消费者对新产品、新技术的认知程度，发布消费趋势，有效引导消费，扩大市场；打造具有国际影响力的家电展会；加强对企业和消费者的节能环保宣传工作，提高消费者的节约能源和环境保护意识，提高科学合理使用家电产品的能力；鼓励消费者购买环境友好的家电产品，消除推进高效创新产品的市场障碍。

（4）行业相关标准、规范相继出台，对空气质量及相关产品提出了质量要求。

中国质量认证中心联合国家室内环境与室内环保产品质量监督检验中心正式发布了《空气净化器环保认证规则》（以下简称《规则》）。随着《规则》的实施以及新标准的实施，将令消费者购买时有据可依。

空气净化器行业联盟表示今后上市的产品将统一贴标，标志上所涉及的数据均由第三方机构在同一标准下进行检测得出。随着贴标产品的增多，人们可以在消费期间得到更直观的参考数据，从而开始行业内部的“洗牌”，促进行业健康发展。

2008年开始的国标《GB/T18801–2008空气净化器标准》也已经进入重新修订阶段，“标准将对净化效率、PM2.5等热点问题进行定义，并提出技术要求，以充分展示产品质量水平，引导消费”。随着国标和地标的推进，空气净化器行业执行标准不统一、性能标称不统一的窘境或将彻底解决。

国家质量监督检验检疫总局、国家卫生部、国家环境保护总局于2002年11月19日批准发布了《室内空气质量标准》（GB 0325—2001）并自2003年3月1日起实施。标准的实施，使得控制室内空气污染，切实提高我国的室内空气质量有了标准可依。

2005年8月全国家用电器标准化技术委员会制定的《家用和类似用途电器噪声限值》已作为一种强制性国家标准开始实施。按该标准规定，噪声值必须标注在产品的铭牌或说明书上，并且不得高于限定值。

综上所述，我们可得出如下结论：

（1）国家对企业的相关鼓励与支持政策，以及营业税改增值税政策的全面实施，将使企业迎来新的发展机遇。

（2）行业组织的指导与支持，以及组织协调主流企业共同做大市场，将对小家电行业的发展起到促进作用。另外，在行业协会的统一组织领导下，通过加强行业自律，以及行业组织建言建策转化为国家相关政策，将保障行业内部公平竞争的环境。

（3）国家及行业相关技术标准的建立，将促进行业的健康发展，同时消费者的权利也将得到有效保护，最终将扩大市场需求。同时，这些标准的建立对产品的质量与性能提出了更高的要求，这将给新进入者形成新的壁垒，对实力弱小、产品质量不可靠的企业增加竞争压力，从而优化市场竞争环境。

2. 经济环境因素分析（E）

（1）实施国内生产总值倍增计划，将保证国家经济的稳步发展和居民收入快速增长。

十八大报告提出：2020年全面建成小康社会，实现国内生产总值和城乡居民人均收入比2010年翻一番。要实现两个翻一番的目标，在接下来的几年中，经济年均增速将达7%左右，这将保证国家经济稳步发展。

（2）城镇化的推进，将扩大消费市场。

在国家推进城镇化的过程中，数亿农民转化为城镇人口，大量农民进城落户后，其消费倾向和消费结构将发生变化，不仅会从农产品生产者转变为农产品消费者，而且会大量增加工业品消费。

（3）扩大内需成为国家经济发展战略重点。

出口的快速增长，一直是拉动我国经济增长的重要因素，国际金融危机之后，国际市场需求明显下降，短期内外需难有大的提高，因此，国家把扩大内需作为转变经济发展方式的重点。内需主导、消费驱动、惠及民生的一系列政策措施将进一步引导居民消费预期，推动居民消费结构持续优化升级，内需特别是消费需求增长具有很大空间。

（4）居民收入不断增长。

近几年来，我国城镇居民人均可支配收入扣除价格因素实际增长平均达10%以上。十八大报告提出了2020年全面建成小康社会，实现城乡居民人均收入比2010年翻一番的目标。为此，我国居民收入的增长将得到可靠保障。

综上所述，我们可得出如下结论：

（1）经济持续稳定增长、城镇化建设以及扩大内需的政策引导，将极大地带来消费需求增长，将为小家电市场带来巨大的市场潜力。

（2）随着未来居民收入的稳步增长，将带动消费需求的增长，也为小家电的发展提供可靠保障。

3. 社会环境因素分析（S）

（1）人们越来越关注空气质量及空气污染问题。

随着空气质量下降，装修装饰材料对室内空气环境的破坏，空气污染已成为影响人体健康的隐形杀手。据有关部门统计，人类68%的疾病与空气污染有关，世界卫生组织更是把室内空气污染列为18类致癌物质之首。现在，人们对甲醛等有害物质关注度的持续提高，各地消费者逐渐转移焦点至空气污染问题，越来越多的消费者希望通过净化产品来改善空气质量，空气净化器开始大量进入消费者家庭。

（2）居民消费观念的转变。

当今，家电产品开始成为人们生活的重要工具，对产品的需求已经由弹性逐渐变成刚性，成为类似日常生活用品的产品。同时随着我国人民富裕程度和社会文明程度不断提升，生活节奏不断加快，提升生活质量的个性化、时尚性的消费需求不断涌现，将为小家电创造更为广阔的需求领域。小家电在发达国家是家庭必备品，其普及程度也常常是体现社会文明程度的一个标志。据家电行业协会预计，厨房类、清洁通风类、健康类、美容保健类小家电都将有良好的增长前景。

综上所述，我们可得出如下结论：

（1）随着人们对空气质量的关注度越来越高，空气净化产品将迎来了自己的春天。

（2）随着居民消费观念的改变、健康意识的不断增强以及社会文明程度的提高，小家电健康产品的市场增长空间将越来越大。同时，消费者对产品质量与服务的要求也不断提高，对企业形成竞争压力。

4. 技术环境因素分析（T）

（1）国家鼓励技术创新。

国务院发布了《工业转型升级规划（2011—2015年）》，《工业转型升级规划》对技术创新提出了要求：

规模以上工业企业研究与试验发展（R&D）经费内部支出占主营业务收入比重达到1%，重点骨干企业达到3%以上。

支持企业真正成为技术创新的主体，进一步研究落实财政、投资、金融等政策，引导企业增加研发投入。

支持中小企业加强技术改造，逐步提高技术改造投资在工业投资中的比重。

（2）新产品不断推陈出新，将形成新的消费热点。

随着高新技术的不断使用，数字技术、模糊技术、信息技术不断导入家电产品，使产品更新换代不断加快，将满足不同阶层和家庭的消费需求，为家电市场创造新的消费领域，导入新的消费理念，形成新的消费热点。

（3）新的空气净化技术的发展将推动室内空气净化器产品的技术升级。

吸附-光催化复合净化技术的研究，将综合吸附-光催化技术的优点，并相互促进，为改进空气净化技术提供了有效的方法，将光催化技术与传统的吸附技术结合起来，能够显著增强室内空气污染物的净化效果，推动室内空气净化器产品的技术升级。

（4）与发达国家比在核心技术上存在差距。

我国家电企业普遍缺乏自己的核心技术，大多数产品的核心技术都是从国外引进，没有自己的知识产权，没有自己的技术开发优势，与日本、欧美发达国家相比差距很大。

综上所述，我们可得出如下结论：

（1）国家鼓励与支持企业进行技术创新，将促进企业的产品开发、技术改进，为企业的持续成长奠定基础。

（2）随着企业的技术创新以及产品技术的研究发展，将为消费者提供更好的产品，促进消费增长。

（3）由于国内企业在核心技术上与国外企业存在差距，将对国内企业的市场竞争带来不利影响，也不利于抢占高端市场。

（二）行业分析

行业分析是介于宏观经济与微观经济分析之间的中观层次的分析，在对宏观环境进行分析的基础上，还需要进行行业分析。通过行业分析，发现行业运行的内在经济规律，分析影响行业发展的各种因素以及判断对行业的影响力度，预测行业的未来发展趋势，判断行业投资价值，揭示行业投资风险，并据此做出正确的投资决策。

1. 小家电的市场前景

（1）相对于大家电产品，近几年小家电市场发展迅速。

从国内市场发展情况来看，2008年到2011年复合增长率达10%以上。2011年销售额超过1700亿元，市场潜力巨大。欧洲平均每家有30多种小家电，而在中国平均每家仅有3~4种小家电。

（2）与大家电市场的步履维艰相比，小家电市场正处于快速成长的黄金时期。

业内认为中国每年小家电的市场容量至少在1000亿左右。同时，由于小家电与大家电相比具有生命周期短、更新换代快的特点也刺激着行业保持稳定的增量。

2. 空气净化器市场规模及增长速度

（1）市场需求旺盛。

2009年至2012年，空气净化器销售量年平均增长率超过20%。2012年我国净化器销售近900万台，其中内销近150万台，同比增长31.8%，出口量高达724万台。但随着国内城市空气污染趋于严重，居民对净化设备的需求旺盛，内销放量，国内市场的扩张将成为行业增长的最大动力。

（2）市场增长速度快。

目前各类室内空气净化器在中国市场上还处于起步阶段，调查数据显示，我国室内空气净化器普及率不到1%，而在美国、日本、欧洲以及韩国普及率分别达到27%， 17%， 42%和70%，国内市场具有很大的发展潜力。我国未来空气净化器市场年增幅将达20%以上，空气净化产业将迎来一轮持久发展高峰。

3. 空气净化器的市场分布

目前空气净化器的销售区域主要集中经济相对发达且大中型城市分布较多的华东、华南和华北地区，这些区域是空气净化器的主要消费市场，西北片区则销售较少。这和空气净化器的产品性能以及各地区自然环境、经济等因素有关。由于消费者意识问题以及推广力度原因，空气净化器产品销售尚未在三、四级市场展开。

4. 空气净化器市场的竞争格局

国内市场空气净化器品牌众多，除了较早开拓中国市场的亚都之外，空调制造企业美的、远大、海尔、格力等中国强势家电企业也开始推广净化器。外资品牌中，夏普、松下、大金、飞利浦已经有很全面的空气净化器产品，三星、LG也以几款韩国原装产品开始终端销售。国家统计局统计数据显示，目前全国制造空气净化器产品的企业超过200家。

经过近几年的市场培育，国内空气净化器市场品牌格局已经基本形成，主要分为三类。

第一类主要是以飞利浦、松下、夏普为代表的外资品牌，占有大约47%的市场份额，其中飞利浦和松下就有超过40%的市场份额，这部分企业具有较强的规模、技术、研发和品牌优势。

第二类主要是以亚都、美的、远大为代表的国产空气净化器品牌，占有大约50%的市场份额，其中亚都和美的占有45%的市场份额，部分企业的部分空气净化器产品已达到国际领先水平。

第三类是数量较多的规模较小的空气净化器企业，这部分企业以生产中低端产品为主，质量参差不齐，主要依靠低价获取市场占有率，竞争力较弱。

除空气净化器生产企业直接参与竞争外，相关的替代性产品也开始出现，比如空调制造企业开始在空调产品中增加空气净化功能。

5. 空气净化器行业利润空间

目前空调、冰箱等大家电行业竞争激烈，进入微利时代，行业的利润率较低，比较著名的品牌的平均利润率大概在5%左右，而空气净化器行业的利润率普遍在30%以上，为此，许多家电行业的企业都纷纷进入空气净化器的行业，以开拓新的利润增长点。

综上所述，我们可得出如下结论：

（1）小家电市场前景非常广阔，空气净化器市场增长速度快。

（2）空气净化器作为一个朝阳产业，以及较高的利润率，今后将引来更多的资本进入。

（3）行业竞争格局已初步形成，对新的进入者将形成一定的竞争压力。

（三）企业内部环境分析

在对企业外部环境分析后，了解了企业发展的机遇和威胁，但是企业是否具备条件参与市场竞争，还需对企业的内部环境进行分析。通过对企业内部环境的分析，掌握企业的经营状况，明确企业所具有的优势和劣势，为企业制定有针对性的战略、有效地利用自身资源、发挥企业的优势，同时避免企业的劣势，或采取积极的态度改进企业劣势提供决策依据。

1. 企业内部优势分析

（1）企业已经具备较强经济实力和生产加工配套能力。

公司是一家生产空调产品的企业，年销售额突破100亿，生产能力达600万台（套），占地总面积150万平方米，员工人数达6000余人。较强的经济实力与生产加工配套能力为空气净化器的生产经营提供了支撑保障。

（2）完善的销售网络与一定的品牌知名度。

公司已经建立和完善了国内销售网络，在国内各地建立了覆盖全国的销售办事处和用户服务机构，拥有了一批覆盖全国市场的经销商，为此，公司可借助原有销售网络，迅速建立与完善空气净化器的销售网络，树立空气净化器品牌。

（3）较强的产品研发与生产加工技术。

公司多年的空调研发与生产加工技术，可运用到空气净化器的产品研发与加工上面，使企业迅速形成稳定的生产能力。

（4）海外市场粗具规模。

公司于20世纪90年代末通过了ISO9001质量认证和ISO14001环境管理体系认证，取得了开拓国际市场的通行证，年销售空调产品100万套，为空气净化器进入国外销售市场奠定了基础。

（5）地方政府的大力支持。

公司是本地家电龙头企业，是本地区的纳税大户，地方政府对企业的发展从政策上、资源条件上都给予了大力支持。

2. 企业内部的劣势分析

（1）较多地依靠地方政府。

企业经营管理能力与主流企业存在较大差距。W公司属于国有控股企业，产品研发、生产加工、市场开拓、海外贸易等工作的开展得益于本地政府的大力支持，而且公司是本地家电龙头企业，企业效益的好坏，关系到地区的财政收入，关系到地方政府政绩，因此，W公司近30年的发展离不开地方政府的扶持与关爱，但这种优厚的环境也恰恰使得企业不太注重经营管理能力的培养，导致与国内一线品牌家电企业的差距逐步拉大。

（2）管理体制比较陈旧。

尽管公司已经过了20多年的发展，国有企业管理体制的弊端仍然体现在经营管理的各个方面，员工工作积极性不强，部门之间相互推诿扯皮的现象经常发生，上级抱怨下级工作推不动，要赶着走，下级抱怨上级不授权，对自己不信任。

（3）员工工作缺乏活力。

公司经营单位、部门及员工的薪酬与考核机制是由原来国有企业的办法逐步演变而来，大锅饭、平均主义的现象仍然存在，在薪酬与绩效管理方面粗放化有余，精细化不足，员工收入回报缺乏市场竞争力，员工积极性不高，核心人才流失现象时有发生。

（四）综合决策分析

在宏观环境分析、行业分析以及企业内部环境分析的基础上，将企业内部和外部环境分析结论进行归纳整理，概括出主要机会、威胁以及企业的优势、劣势，进而分析行业的吸引力和企业的竞争实力，然后通过组织相关专家采用德尔菲法进行分析判断，对是否应该进入该业务领域进行决策。

1. 企业优劣势概括

W公司具有以下优势：

（1）较强的经营实力。

公司较强的经营实力为进入空气净化器行业提供了经济基础保障。

（2）可转移的产品研发与生产加工技术。

公司多年的空调研发与生产加工技术，为快速切入空气净化器产品的研发与生产，提供了研发与生产的技术支撑。

（3）比较完善的销售网络与一定的品牌知名度。

公司依托比较完善的国内销售网络，以及正在积极开拓的国际市场，为空气净化器产品的销售提供了便利条件，可迅速形成销售规模，同时，具有一定知名度的空调品牌也利于空气净化器的品牌建立与推广。

W公司具有以下劣势：

（1）经营管理机制比较陈旧。

内部经营管理机制与现代企业管理机制以及主流家电企业的经营管理机制存在明显差距，各经营部门的积极性不高，各部门内部协调配合不顺畅，经营效率不高。

（2）员工工作缺乏活力。

公司的薪酬与考核机制是由原来国有企业的办法逐步演变而来，公司大锅饭、平均主义的现象仍然存在，员工收入回报缺乏市场竞争力，核心人才流失现象时有发生。

2. 企业面临的机会与威胁概括

W公司面临的市场机会如下：

（1）市场发展潜力巨大。

随着城镇化的不断推进，扩大内需政策的相继实施以及居民收入水平不断增加，空气净化器产品具有广阔的市场前景。

（2）快速的市场增长速度。

国内空气净化器的普及率不到1%，与发达国家相比差距很大，随着人们消费观念的变化以及健康意识的不断提高，市场将以20%以上的增长速度快速增长。

（3）竞争环境不断优化。

国家和行业组织出台的各种政策、规范使得空气净化器产品及市场正在不断规范。而竞争环境不断规范，将为实力较强、立志做品牌的企业提供良好的竞争环境。

W公司面临的市场威胁如下：

（1）市场竞争压力增大。行业竞争格局已初步形成，几大品牌商无论是品牌知名度还是市场份额都具有一定的竞争优势，对新进入者形成较大的竞争压力。

（2）产品质量要求提高。无论是国家、行业对产品质量的标准建立，还是消费者消费意识的不断增强，都对产品质量与服务提出了更高的要求，对产品生产者带来技术与成本压力。

3. 业务领域决策

我们组织了相关专家并运用德尔菲法，对行业的吸引力以及企业的竞争实力进行了综合评价，专家们认为空气净化器行业具有很好的发展前景，具有较高的行业吸引力，同时具有相当的竞争实力，因此，W公司应该抓住空气净化器行业的发展机遇，充分发挥企业的优势，积极参与市场竞争，公司决策层希望进入空气净化器行业的设想是可行的。公司通过拓展新的业务领域，将形成新的利润增长点，进而提高公司的整体赢利能力。

知识摘要 2

德尔菲法

德尔菲法，又称专家规定程序调查法。该方法主要是由调查者拟定调查表，按照既定程序，以函件的方式分别向专家组成员进行征询；而专家组成员又以匿名的方式提交意见。经过几次反复征询和反馈，专家组成员的意见逐步趋于集中，最后获得具有很高准确率的集体判断结果。其主要步骤如下：

1. 由工作小组确定问题的内容，并设计一系列征询解决问题的调查表。

2. 将调查表寄给专家，请他们提供解决问题的意见和思路，专家间不沟通。

3. 专家开始填写自己的意见和想法，并把它反馈回给工作小组。

4. 处理这一轮征询的意见，找出共同点和各种意见的统计分析情况；将统计结果再次返还专家，专家结合他人意见和想法，修改自己的意见并说明原因。

5. 将修改过的意见进行综合处理再寄给专家，这样反复几次，直到获得满意答案。

三、投资规模决策分析

（一）拟订备选方案

W公司在确定进入空气净化器生产经营领域后，将对投资规模进行决策。初步设想投资规模分别为3000万和2000万。为此，我们采用决策树的分析法对投资规模进行选择。根据初步的投资规模设想，我们将对投资后可能面临的市场状况及收益进行分析，最后选择一种方案。

知识摘要 3

决策树分析法

决策树是在已知各种情况发生概率的基础上，通过构成决策树来求取净现值的期望值大于等于零的概率，并评价项目风险，判断其可行性的决策分析方法，是直观运用概率分析的一种图解法。由于这种决策分支画成图形很像一棵树的枝干，故称决策树。

决策树由决策点、状态节点、概率枝和结果节点组成。

(□) 决策点：是对几种可能方案的选择，即最后选择的最佳方案。如果决策属于多级决策，则决策树的中间可以有多个决策点，以决策树根部的决策点为最终决策方案为最终决策方案。

(○) 状态节点：代表备选方案的经济效果（期望值），通过各状态节点的经济效果的对比，按照一定的决策标准就可以选出最佳方案。

(—) 概率枝：由状态节点引出的分支，概率枝的数目表示可能出现的自然状态数目，每个分枝上要注明该状态出现的概率。

(△) 结果节点：将每个方案在各种自然状态下取得的损益值标注于结果节点旁。

决策树操作步骤：

画决策树：从左（上）至右（下）分阶段展开。画图时先分析决策点的起点、备选方案、各方案所面临的状态概率，以及在不同状态下的损益值，然后先画一个方框作为出发点，从出发点向右引出若干条直线，在每个方案枝的末端画一个圆圈，从自然状态点引出代表各自然状态的分枝，则概率分枝末端画三角形，表示终点。最后将决策点、状态点逐一编号。

计算期望值：一般按反向的时间程序逐步计算，将各方案的几种可能结果的数值和它们各自的概率相乘，并汇总所得之和，其和就是该方案的期望值。

确定决策方案：比较不同方案的期望值，在比较方案考虑的是收益值时，则取最大期望值；若考虑的是损失值时，则取最小期望值。舍弃的方案可在方案枝上画“//”符号，称为剪枝。最后决策点只留下一根方案枝，即为最优方案枝。

通过组织专家采取德尔菲法对未来三年市场预测情况如下：

方案一：建大厂，需投资3000万元。方案二：建小厂，需投资2000万元。两个方案在不同自然状态下的年损益值如表1-2所示：

表1-2 各方案的年损益值表

自然状态 / 损益值 / 方案	畅销	一般	滞销
	0.5	0.3	0.2
方案一	2000	1000	−100
方案二	1000	700	100

（二）方案选择

1. 绘制决策树图

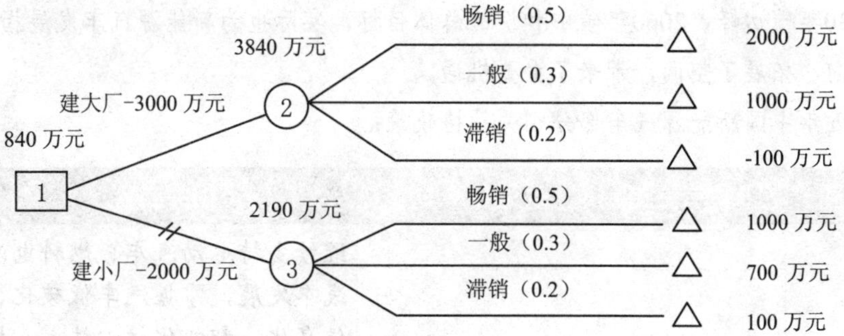

2. 计算各状态节点期望值

结点②=［2000×0.5+1000×0.3+（−100）×0.2］×3=3840

结点③=（1000×0.5+700×0.3+100×0.2）×3=2190

3. 选择最佳方案，并作出决策

建大厂方案净收益值=3840−3000=840(万元)

建小厂方案净收益值=2190−2000=190(万元)

经过比较，应该选择建大厂方案。

● 学习案例

中国新能源汽车行业发展的PEST分析

1.政治环境

我国出台多项政策鼓励促进新能源汽车产业发展。综合各项政策内容，主要目标是提高新能源汽车产业化水平和应用规模。提高产业化水平主要是强化技术创新，完善产业链，优化配套环境，提升纯电动汽车和插电式混合动力汽车产业化水平。提升应用规模主要是完善新能源汽车推广应用，尤其是使用环节的扶持政策体系，从鼓励购买过渡到便利使用，建立促进新能源汽车发展的长效机制，引导生产企业不断提高新能源汽车产销比例；逐步提高机关单位及公共服务领域新能源汽车使用比例，扩大私人领域新能源汽车应用规模等。2020年3月31日国务院常务会议提出，为促进汽车消费，将新能源汽车购置补贴和免征购置税政策延长2年。这意味着，原计划在2020年后取消对新能源汽车的补贴政策将暂缓执行，补贴政策将延续到2022年底。此外，我国提出的“2030年碳达峰、2060年碳中和”的总体目标，实际也为新能源汽车发展指明了方向、拓展了空间，带来了重要机遇。

近年中国新能源汽车部分相关扶持政策：

日期	印发单位	政策名称	相关内容
2015.05	国务院	《中国制造2025》	继续支持电动汽车、燃料电池汽车发展，掌握汽车低碳化、信息化、智能化核心技术，提升动力电池、驱动电机、先进变速器、轻量化材料、智能控制等核心技术的工程化和产业化能力，形成从关键零部件到整车的完整工业体系和创新体系，推动自主品牌节能与新能源汽车同国际先进水平接轨。

（续表）

日期	印发单位	政策名称	相关内容
2016.12	国务院	《“十三五”国家战略性新兴产业发展规划》	到2020年，实现当年产销200万辆以上，累计产销超过500万辆，整体技术水平保持与国际同步，形成一批具有国际竞争力的新能源汽车整车和关键零部件企业。
2017.04	工信部、国家发改委、科技部	《汽车产业中长期发展规划》	到2020年，新能源汽车年产销达到200万辆，到2025年，新能源汽车占汽车产销20%以上。
2020.04	财政部、税务总局、工信部	《财政部 税务总局 工业和信息化部关于新能源汽车免征车辆购置税有关政策的公告》	自2021年1月1日至2022年12月31日，对购置的新能源汽车免征车辆购置税。
2020.07	工信部、财政部、商务部、海关总署、市场监管总局	《乘用车企业平均燃料消耗量与新能源汽车积分并行管理办法》	2019年度、2020年度、2021年度、2022年度、2023年度的新能源汽车积分比例要求分别为10%、12%、14%、16%、18%。
2020.12	中国汽车工程学会	《节能与新能源汽车技术路线图2.0版》	2025年，我国新能源汽车在汽车总销量中的占比将达到20%左右；2030年，新能源汽车在总销量中的占比提升至40%左右；2035年，新能源汽车成为国内汽车市场主流（占总销量的50%以上）。
2020.11	国务院	《新能源汽车产业发展规（2021—2035年）》	到2025年，新能源汽车新车销售量达到汽车新车销售总量的20%左右。到2035年，纯电动汽车成为新销售车辆的主流，公共领域用车全面电动化。
2021.03	全国人大	《中华人民共和国国民经济和社会发展第十四个五年规划和2035年远景目标纲要》	突破新能源汽车高安全动力电池、高效驱动电机、高性能动力系统等关键技术。

2.经济环境

疫情之后，国民经济总体保持恢复态势。同时，我国各地区各部门积极推动经济结构战略性调整，深入推进供给侧结构性改革，绿色发展深入人心，节能减排取得新成绩。就业物价形势稳定，居民消费水平持续上涨。消费者有足够的经济能力购买新能源汽车，这为新能源汽车的发展带来了良好的经济环境。此外，随着国家经济的发展，我国汽车千人保有量逐年增长，2019年已达173辆。但与发达国家相比，我国汽车保有量仍处于较低水平，不及日本的1/3。这说明，我国汽车行业发展还有较大的市场空间，而新能源汽车作为未来新的增长极，市场空间值得期待。

2019年全球主要国家人均汽车保有量情况：

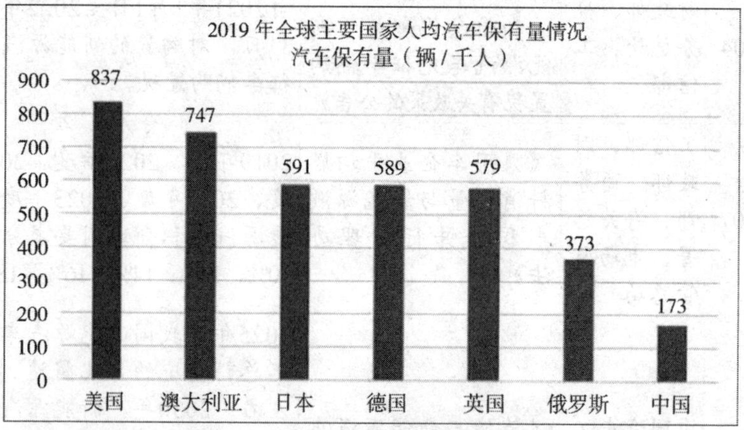

2013—2020年中国人均可支配收入及增速：

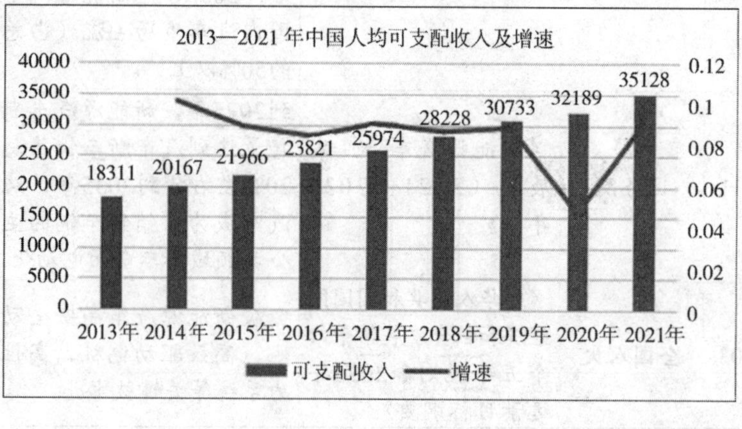

3.社会环境

近年来，中国对原油需求的增长早已打破了能源自给自足的供求格局，虽然2019年我国原油产量呈现正增长态势，但原油进口量也突破了5亿吨。根据中国石油集团经济技术研究院发布的数据，2019年我国原油对外依存度突破70%，远超50%的国际警戒线。作为全球最大的汽车产销国，汽车排放所引发的大气污染已广泛被人们知晓，自然环境污染日益严峻，人们对自然环境的关注度与日俱增，减少汽车有害气体排放，绿色出行，已变得刻不容缓。鉴于优化环境的需求和国家的大力推广，越来越多人关注新能源汽车，并加入了新能源汽车车主的行列。因此，发展电能、氢能等替代能源也被提升到了国家战略高度——能增强我国在世界能源市场中的竞争力，减轻潜在的国际局势动荡所带来的负面影响。多个国家已通过禁售燃油车法案，减轻对石油的依赖；我国海南省也制定了在2030年全域禁止销售燃油车的发展目标。

4.技术环境

电机和电池作为新能源汽车的核心技术，也是新能源汽车的主要成本，电动引擎的效能决定了新能源汽车的驱动力，电池决定了新能源汽车的续航里程。“三电”系统指电动汽车的电池、电机和电控，其代替了传统燃油汽车的内燃机、变速箱等装置，是电动汽车重要的零部件，其技术发展也决定了电动汽车的性能指标。我国在“三电”技术方面均有技术储备，我国的电池技术现已进入世界第一梯队，在工信部公布的《免征车辆购置税的新能源汽车车型目录》中，续航里程和电池组能量不断提升，技术的进步将促进新能源汽车行业向好发展。

三元和磷酸铁锂电池应用领域及占比情况：

应用领域	三元	磷酸铁锂
新能源乘用车	海外全部，国内七成	国内三成
新能源商用车	小部分	国内占比超九成
储能	海外绝大部分	国内绝大部分
3C消费	绝大部分	极少
电动两轮车	小部分	大部分
电动工具	大部分	小部分
电动船、电动重卡	小部分	大部分

（资料来源：华经情报网.2021年中国新能源汽车行业PEST分析：技术进步驱动行业向好）

任务二
治理制度与组织结构设计

由于公司的所有权与经营权分离，公司的管理层均非企业的所有者，在所有权与经营权分离的情况下，所产生的代理人问题、代理风险、代理成本，以及公司的管理层究竟依照何种目标来经营，就成为公司治理的基本问题。公司治理结构解决所有者对经营者的监督与约束问题，很多公司由于在监督约束机制上存在设计和运作缺陷，从而造成了严重的后果。

2001年，安然公司爆出假账丑闻，公司内部充斥着牺牲股东利益来满足个人独断和谋取私利的气息。董事会以及监事会对经营层存在着控制和道德失误，为公司做假账和高层腐败提供了可乘之机。同样，由于公司管理层内部治理不严，国家监管机构监督力度不够等原因，意大利的帕玛拉特公司也爆出了巨大的财务造假丑闻。帕玛拉特爆出财务丑闻后，其市值减少了90%，债权仅为其面值的20%，众多投资者损失惨重。安然和帕玛拉特的财务造假案，不得不让人们深思。如何才能通过有效的公司治理机制去监督公司的经营，从各个方面加强对企业经营者的约束，已成为企业亟须解决的问题。

当然，有了良好的公司治理机制，企业经营管理者要有效地贯彻董事会的经营决策，进行有效的分工，将经营责任落实到企业的各个层面，还必须设计一种适合企业外部环境与内部条件以及企业发展战略的组织结构。

● 背景材料

W公司经过决策进入空气净化器行业，为此面临的问题是采用什么样的组织形式经营新开辟的业务领域。公司总裁为此专门召集公司高级管理人员开会讨论。在会议上出现了几种不同的观点：公司主管生产的副总裁认为，空气净化器的生产与公司原有的空调生产有许多相似之处，因此可在公司内部再设一个生产厂生产空气净化器，其他部门则可共享。公司主管营销的副总裁则认为，空气净化器销售与空调的销售还是存在较大的差异，并且如果与空调一同销售，空气净化器的销售额与空调销售额会有很大的悬殊，从而销售部门及销售人员可能会忽视空气净化器的销售，这样，不利于空气净化器的销售与市场扩张，因此，至少应该成立新的销售公司专门负责空气净化器的销售。公司主管经营的副总裁则表达了另外一种观点，公司在空调生产经营不太景气的情况下，开辟了新的业务领域，应该在此业务领域有所作为，为增强新的业务板块的经营责任、经营的灵活性和市场竞争能力，最好采用更加分权的组织形式来负责空气净化器的生产经营，为此建议成立空气净化器事业部或独立的子公司来负责空气净化器的生产经营。会上其他高级管理人员也充分发表了意见，最后公司总裁综合大家的意见后，决定采纳成立子公司的意见，并要求相关部门拟订方案报即将举行的公司董事会审议。一个月后，公司董事会审议批准了成立子公司H公司的议案，批准了公司章程及董事会、监事会、经营层成员的构成，并要求公司为规范H公司的运作，制定相应的治理制度和设计公司的组织结构。

● 任务要求

1. 制定公司董事会议事规则、董事长和总经理工作细则。
2. 设计公司组织机构及职能部门、业务单位职责。

● 解决方案

一、总体设计思路

当公司的发展方向和目标确定后，就需要人来实现，但个体的能力是有限的，为实现企业的目标，必须通过分工与合作构成人的集合，而为了使人们能更加有效地工作，则需要设计和维持一种治理结构和组织结构。

公司治理结构是一种联系并规范股东、董事会、高级管理人员权利和义务分配，以及与此有关的聘选、监督等问题的制度框架。简单地说，就是如何在公司内部划分权力。在H公司的治理结构安排中已组建了股东会、董事会、监事会及经营管理层，为规范董事会、经营管理层的决策与经营管理工作，有必要设计董事会议事规则、董事长和总经理工作细则，以规范各主体的职权、议事程序及工作方式等。

公司组织结构则是为实现组织目标，在组织理论指导下，经过组织设计形成的组织内各个部门、各个层次之间的排列方式，即组织内部的构成方式。H公司的组织设计首先需对组织的职能和活动进行分组，设置相关职能部门及业务单位，在此基础上确定部门和业务单位的职责、岗位设置及相互协调关系。H公司的职能部门及业务单位的设计工作主要根据职能部门化、产品部门化、工艺流程部门化和区域位置部门化的思路来进行设计。

二、治理制度设计

（一）董事会议事规则

董事会议事规则主要是规范董事会的决策行为，因此，应该从董事会的构成、会议筹备、会议召开、议事程序及会议记录等方面对董事会会议的议事决策行为进行规范。在董事会会议环节的规定设计时，应重点考虑会议的召开要求和议事程序，以保证决策信息、决策意见得到充分表达，决策过程与方式严谨。为提高董事会的决策水平，应该考虑设置相应的决策咨询机构，以协助董事会进行决策。

H公司董事会议事规则

第一章 总 则

第一条 为建立完善的法人治理结构，规范公司董事会运作程序，充分发挥董事会经营决策的作用，根据《中华人民共和国公司法》（以下简称《公司法》）、《H有限公司章程》（以下简称《公司章程》）的规定，特制定本规则。

第二条 董事会依据《公司法》和公司章程设立，为公司常设权力机构，受股东会的委托，负责经营和管理公司的法人财产，是公司的经营决策中心，对股东会负责。董事会在股东会闭会期间，对内管理公司事务，对外代表公司。

第三条 董事会下设董事会办公室，负责处理董事会日常事务。公司办公室负责履行董事会办公室的职责。

第二章 董事会及决策咨询委员会的构成

第四条 董事会是由全体公司董事组成的会议体组织。董事会会议是董事会运作的主要载体。董事会的职责由公司章程规定。

第五条 董事会设董事5人，其中董事长1人，执行董事（接受董事会委任担当具体岗位职务的董事）不超过2人。

公司董事会设决策咨询委员会（以下简称委员会），由5到7人组成，委员会应由董事担任负责人，其中董事不超过2人，且应有外部专家参与。委员会应制定议事规则，并经董事会批准后生效。

委员会主要职责：

1. 负责对公司战略、年度经营计划、预算管理、重大投融资决策、利润分配、基本管理制度等事项进行研究并提出咨询建议。

2. 负责制定高级管理人员薪酬、考核与奖惩方案，并提出独立意见。

3. 负责监督公司内控和风险管理体系的有效运行，指导和监督公司内部审计部门工作，向董事会提出建议。

第六条　董事会可根据需要聘请有关专家、学者组成非常设专家咨询机构，为公司制定战略规划、重大投资、资本运作方案等事项提供专业咨询意见。

第七条　董事会应当严格按照股东会和《公司章程》的授权行事，不得越权形成决议。

第八条　董事会会议分为定期会议和临时会议。定期会议每半年召开1次。有下列情形之一的，董事长应在接到提议后10个工作日内召集董事会临时会议：

1. 董事长认为必要时；

2. 出资人提议时；

3. 三分之一以上董事联名提议时；

4. 监事会提议时；

5. 总经理提议时。

书面提议应当载明以下内容：

1. 提议人的姓名或者名称；

2. 提议理由或者提议所基于的客观事由；

3. 提议会议召开的时间或者时限、地点和方式；

4. 明确和具体的议案；

5. 提议人的联系方式和提议日期。

第三章　会议筹备

第九条　董事会会议的筹备工作在董事长的领导下进行，由董事会办公室具体负责。筹备工作包括：

1. 准备提交会议审议的文件及有关资料；

2. 印发会议通知和有关资料；

3. 收集董事在会前提出的问题和意见，及时向召集人汇报，在授权范围内向董事作必要的说明，以提高议事效率；

4. 安排会议的地点和时间等。

第十条　董事会会议议题的确认和草案准备。根据本规则第八条产生的提议及有关建议，由董事会办公室汇总形成董事会议题的初步意见，报董事长确认。

董事长认为议题内容不明确、不具体或者有关材料不充分的，可以要求提议人修改或者补充。董事长不同意列入会议议程的事项，应向董事会作出必要的书面说明。

根据董事长审定的会议议题，由董事会办公室根据需要会同委员会、有关部门及有关人员，做好会议材料准备。

第十一条　董事会定期会议、临时会议应分别提前10个工作日和5个工作日书面（包括传真或电子邮件等方式）通知全体董事、监事和其他需要列席会议的人员。非直接送达的，还应当通过电话进行确认并做相应记录。

会议通知送达的地址以董事提供或确认的地址为准，董事通讯地址发生变化，应及时提供新的通讯地址，否则，该董事应承担由于通讯地址的变化致使会议通知无法送达的相应责任。

情况紧急，需要尽快召开董事会会议的，可以随时通过电话或者其他口头方式发出会议通知，但召集人应当在会议上作出说明。

经全体董事书面同意，董事会定期会议通知期限的规定可以免于执行；经过半数董事的认可并做好相应记录，董事会临时会议通知期限的规定可适当延长。

第十二条　会议通知由董事会办公室拟定，并报经董事长批准后由董事会办公室发送。会议通知应当包括以下内容：

1. 会议的时间、地点；

2. 会议期限及议程；

3. 事由及议题；

4. 发出通知的日期；

5. 会议召开方式；

6. 会议召集人和主持人、会议的提议人及其书面提议；

7. 董事表决所必需的会议材料；

8. 联系人和联系方式。

口头会议通知至少应包括上述日期、地点、议题和召开方式，以及情况紧急需要尽快召开董事会会议的说明。

第十三条　董事会事先向所有董事提供的会议材料，包括会议议题的相关背景材料和有助于董事理解公司业务进展的信息和数据。董事应勤勉尽责，事先对会议议题及会议材料进行深入细致的分析和研究。

第十四条　董事会定期会议的书面会议通知发出后，如果需要变更会议的时间、地点等事项或者增加、变更、取消会议议题的，应当在原定会议召开日之前5个工作日发出书面变更通知，说明情况和新议题的有关内容及相关材料。不足5个工作日的，会议日期应当相应顺延或者取得过半数董事的认可后按期召开。

董事会临时会议的会议通知发出后，如果需要变更会议的时间、地点等事项或者增加、变更、取消会议议题的，应当事先取得过半数董事的认可并做好相应记录。

第十五条　董事会办公室负责董事会会议的组织和协调工作，包括安排会议议程、发送会议通知、准备会议文件、组织会议召开、负责会议记录和起草决议、纪要等工作。

第四章　会议召开

第十六条　通常情况下董事会会议由董事长主持；如果董事长未能出席某次董事会会议，则由参会董事选举一名董事主持该次董事会会议。

第十七条　董事会会议应当由二分之一以上的董事本人或按本规则第十八条之规定书面委托的代理人出席且不少于3人方可举行。

第十八条　董事会会议应当由董事本人出席，董事因故不能出席的应当事先审阅会议材料，形成明确的意见，书面委托其他董事代为出席，每1个受托人以受1人委托为限。

受托董事应当向会议主持人提交书面委托书，在会议签到簿上说明受托出席的情况。授权委托书应当载明：

1. 委托人和受托人的姓名；

2. 委托人对每项议题的简要意见；

3. 委托人的授权范围；

4. 授权的有效期限；

5. 委托人和受托人的签字、日期等。

委托其他董事对定期报告代为签署书面确认意见的，应当在委托书中进行明确的特别授权。授权委托书经委托人和受托人共同签名方为有效。董事未出席董事会会议，亦未委托代表出席的，视为放弃在该次会议上的表决权。

第十九条　董事会会议一般以现场方式召开。必要时，在保障董事充分表达意见的前提下，也可以采用通讯方式召开。董事会会议还可以采取现场与其他方式同时进行的方式召开。

非现场方式召开的，以视频方式发表意见、在电话会议中发表意见、规定期限内提交书面意见的董事计算出席会议的董事人数。

第二十条　根据需要，公司非董事经理层可以列席董事会会议，但在董事会上没有表决权。

监事可以列席董事会会议，并可对董事会决议事项提出质询或者建议。

董事会认为有必要时，可以召集与会议议题有关的其他人员列席会议，并听取会议列席人员对有关议题内容的说明。列席会议的非董事成员不得影响会议进程、会议表决和决议。

第五章　议事程序

第二十一条　董事会召开会议时，由会议主持人宣布会议议题，并根据会议议程主持议事。

第二十二条　董事会上审议由公司管理层提交的议题，原则上应由负责相关事项的高级管理人员列席并进行汇报。

第二十三条　董事会会议应安排充足的时间进行讨论，保证每项议题讨论的充分性和专业性。会议主持人应当提请出席董事会会议的董事对各项议题发表明确的意见，确保就所讨论的每项议题形成适当的决议或作出明确的指示。

第二十四条　董事会会议原则上不审议在会议通知上未列明的议题或事项。特殊情况下，除征得全体与会董事的一致同意外，董事会会议不得就未包括在会议通知中的议题进行表决。董事接受其他董事委托代为出席董事会会议的，不得代表其他董事对未包括在会议通知中的议题进行表决。

第二十五条　董事会会议对审议的议题应逐项进行表决。

第二十六条　需要并可以作出决议的议题应在会议结束前作出决议；凡需要进一步研究或作重大修改的议题可在修改后进行复议，复议的时间和方式由会议决定；对于需要表决的议题进行表决前，如有董事在审议中有重要不同意见的，经主持人提出，由出席会议的董事过半数同意，可以暂不交付表决；凡在表决前，议题提出人要求撤回的，经主持人同意，会议对该议题的审议即行终止。

第二十七条　董事的表决意见分为同意、反对和弃权。与会董事应当从上述意见中选择其一。未做选择或者同时选择两个以上意见的，会议主持人应当要求有关董事重新选择，拒不选择的，视为弃权。

第二十八条　董事会作出决议，必须经全体董事过半数表决通过。其中章程二十六条第（二）、（三）、（四）、（五）、（七）、（八）、（九）、（十二）款规定的重大事项必须经全体董事的三分之二以上表决通过。

第二十九条　董事与董事会会议决议事项所涉及的企业有关联关系的或董事本人认为应当回避的情形，不得对该项决议行使表决权，也不得代理其他董事行使表决权。回避的董事不计算在董事总人数之内。出席董事会的无关联董事人数不足3人的，应将该事项提交股东会审议。

第三十条　董事会会议的表决，实行1人1票，采用记名书面方式表决。

第三十一条　董事会会议在保障董事充分表达意见的前提下，可以采用非现场方式进行并作出决议，并由参会董事签字。

第三十二条　与会董事表决完成后，董事会办公室应及时收集董事的表决票，在1名监事或2名董事的监督下进行统计。

第三十三条　现场召开会议的，会议主持人应当场宣布统计结果；非现场方式召开会议的，董事会办公室应在规定的表决时限结束后一个工作日内通知董事表决结果。董事在会议主持人宣布表决结果后或者规定的表决时限结束后进行表决的，其表决情况不予统计。

第三十四条　董事会会议形成有关决议，应以书面方式予以记载，与会董事应代表其本人和委托其代为出席会议的董事在书面决议上签字。

不同决议在内容和含义上出现矛盾的，以形成时间在后的决议为准。

第三十五条　董事会会议决议包括如下内容：

1. 会议召开的时间、地点、方式，以及是否符合有关法律、法规、规章和公司章程规定的说明；

2. 亲自出席、委托他人出席和缺席的董事人数和姓名、缺席理由和受托董事姓名；

3. 说明经会议审议并经投票表决的议题的内容（或标题），并分别说明每一项经表决议题或事项获得的同意、反对和弃权的票数（如会议审议的每项议题或事项的表决结果均为全票通过，可合并说明）；

4. 董事涉及关联交易的，说明应当回避表决的董事姓名、理由和回避情况；

5. 审议事项的具体内容和会议形成的决议。

第三十六条　董事长在确认提交董事会审议的重大事项前，应对有关事项进行研究，必要时可召开委员会会议进行研究。

第三十七条　董事会应加强对决策所需信息的管理。提供信息的部门及有关人员应对来自于公司内部且可客观描述的信息的真实性、准确性承担责任；董事会应对来自于公司外部且不可控的信息的可靠性进行评估。

第六章　会议记录

第三十八条　董事会会议应做书面记录与录音记录，董事会会议记录应完整、真实。董事会办公室对会议所议事项要认真组织记录和整理。记录人应当在会议记录上签字。

第三十九条　与会董事应代表其本人和委托其代为出席会议的董事在会议记录和会议决议上签字确认。出席会议的董事有权要求在记录上对其在会议上的发言做出说明性记载。董事对会议记录和会议决议的事项有不同意见的，可以作出书面说明。

董事既不按前款规定进行签字确认，又不对其不同意见作出书面说明，视为完全同意会议记录和决议的内容。

董事会会议记录应作为日后明确董事责任的重要依据。

第四十条　董事会会议记录包括以下内容：

1. 会议届次和召开的日期、地点、方式；

2. 会议召集人和主持人；

3. 会议通知的发出情况；

4. 出席会议董事的姓名以及受他人委托出席董事会的董事（代理人）姓名；

5. 会议议程；

6. 会议审议的议题、董事发言、对议题的表决意见；

7. 每一决议事项的表决方式和结果（表决结果应载明赞成、反对或弃权的票数）；

8. 与会董事认为应当记载的其他事项。

第四十一条　董事会会议档案，包括会议通知和会议材料、会议签到簿、董事代为出席的授权委托书、签名的表决票、经与会董事签字确认的会议记录（包括书面、录音记录）、决议等，由董事会办公室负责保存。

董事会会议档案应至少备份1份，并保存10年以上。

第四十二条　董事长应当督促有关人员落实董事会决议，检查决议的实施情况，并在以后的董事会会议上通报已经形成的决议的执行情况。

第七章　附 则

第四十三条　本规则与法律、法规及公司章程不相符的内容，应按照法律、法规及公司章程执行。

第四十四条　本规则所称“以上”含本数。

第四十五条　本规则所称“关联关系”，是指公司董事与其直接或者间接控制的企业之间的关系，以及可能导致公司利益转移的其他关系。

第四十六条　本规则需要修改时，由董事会办公室负责组织人员提出修改方案，由股东会批准后施行。

第四十七条　本规则由出资人负责解释，由股东会审批后施行。

（二）董事会专门委员会工作细则

董事会专门委员会工作细则设计目的主要是规范董事会专门委员会的研究

和决策行为，因此，应该从董事会专门委员会的构成、职责和议事规则等方面对董事会专门委员会会议的议事决策行为进行规范。董事会专门委员会在设计时应该考虑成员的来源，以提高董事会专门委员会的独立性和避免内部人控制等问题。

H公司董事会专门委员会工作细则

第一章　总则

第一条　为适应公司战略发展需要，增强核心竞争力，提升董事会决策的科学性，根据《中华人民共和国公司法》《公司章程》及其他有关规定，公司设立董事会专门委员会，并制定本工作细则。

第二条　董事会专门委员会是董事会下设的专门工作机构，对董事会负责，在董事会授权范围内开展工作，但不得以董事会名义作出任何决议。

第三条　董事会专门委员会可根据需要聘请外部专家或中介机构就有关重大决策事项提供专业咨询意见，有关费用由公司承担。

第二章　组织机构

第四条　董事会设战略与投资委员会、薪酬与考核委员会和审计与风险委员会3个专门委员会，由董事会选举产生，专门委员会任期与董事会任期一致，委员任期届满，连选可以连任。

第五条　战略与投资委员会的主要职责：

战略与投资委员会对以下事项进行研究并提出建议：

1. 公司发展战略和中长期规划；

2. 主营业务范围及其调整；

3. 增加或减少注册资本及发行公司债券方案；

4. 须经董事会批准或应上报股东大会审核批准的重大投资、资产重组、融资、担保、资产处置、关联交易和捐赠事项；

5. 公司合并、分立、变更公司形式、解散，子公司的有关改革发展重大事项等；

6. 董事会授权的其他事宜。

第六条 薪酬与考核委员会的主要职责：

1. 研究董事与高级管理人员考核的标准，进行考核并提出建议；

2. 研究和审查董事、高级管理人员的薪酬政策与方案；

3. 研究和审查员工薪酬管理办法和薪酬总额；

4. 研究和审查员工绩效考核管理办法；

5. 董事会授予的其他事宜。

第七条 审计与风险委员会的主要职责：

1. 提议聘请或更换外部审计机构；

2. 监督公司内部控制制度和风险管理制度的实施；

3. 负责内部审计与外部审计之间的沟通；

4. 审核公司的财务信息；

5. 审查公司的内控制度；

6. 董事会授权的其他事宜。

第八条 集团战略投资管理部门、人力资源管理部门和审计部门分别为战略与投资委员会、薪酬与考核委员会和审计与风险委员会的日常办事机构，负责专门委员会的日常工作联络和会议组织工作。

第三章 议事规则

第九条 专门委员会会议分为定期会议和临时会议。专门委员会每年至少在上半年和下半年各召开一次定期会议。经主任委员或2名以上的委员提议，可召开临时会议。会议由主任委员主持，主任委员不能出席时可委托其他一名委员主持。

第十条 专门委员会会议应于会议召开的五个工作日前（包括通知当日，不包括开会当日）通知全体委员，经全体委员一致同意，可免除前述通知期限要求。会议通知应附内容完整的议案。会议可采用传真、电话、电子邮件、专人送达、信件或其他快捷方式进行通知。

第十一条 专门委员会会议应由超过二分之一以上委员出席方可举行。本人因故不能出席的，可以书面委托其他委员代为出席会议，书面委托书中应载明当次会议的授权范围。

会议表决方式采用记名书面表决方式，委员每人享有一票表决权，会议作出的决议，必须经全体委员的过半数通过。

第十二条　专门委员会会议可以以书面议案表决的方式召开。书面议案以传真、特快专递或专人送达等方式送达全体委员。委员对议案进行表决后，将原件寄回公司存档。

第十三条　专门委员会召开会议，根据需要可邀请公司其他董事、监事及其他高级管理人员列席会议。

第十四条　专门委员会会议应当有会议记录，出席会议的委员应当在会议记录上签名；会议记录由公司董事会秘书处保存。会议记录的保存期限为十年。

第十七条　专门委员会委员与会议所讨论的议题有直接或者间接的利害关系时，该委员应尽快向专门委员会披露利害关系的性质与程度，并明确表示自行回避表决。但专门委员会其他委员经讨论一致认为该等利害关系对表决事项不会产生显著影响的，有利害关系委员可以参与表决。

第四章　附 则

第十八条　本工作细则与国家法律、法规或《公司章程》相抵触时，按国家有关法律、法规和《公司章程》的规定执行，并立即修订，报董事会审议通过。

第十九条　在本工作细则中，“以上”包括本数。

第二十条　本工作细则由公司董事会负责解释， 本工作细则自董事会审议通过之日施行。

（三）总经理工作细则设计

总经理工作细则主要是规范总经理的经营管理行为，并对总经理在企业的经营管理工作中的重要职权进行明确，做到有章可循，有规可依，提高工作效率。总经理工作细则主要应该从总经理工作职责、重要经营事项决策权、总经理决策形式等方面进行规范。

H公司总经理工作细则

第一章 总 则

第一条　为完善公司法人治理结构，明确总经理的职责权限，规范总经理的行为，充分发挥总经理的经营管理作用，根据《中华人民共和国公司法》(以下简称《公司法》)、《H公司有限公司章程》(以下简称《公司章程》)，特制定本细则。

第二条　总经理主持公司日常经营管理工作，组织实施董事会决议。

第二章　总经理的职责

第三条　总经理的主要职责如下：

1. 主持公司的日常经营管理工作，组织实施董事会决议，并将实施情况向董事会报告；

2. 根据董事会授权代表公司对外签署有关的合同、协议等法律文件；

3. 组织实施公司经营计划、重大投资与资本经营方案；

4. 拟订公司企业债券发行方案和其他融资方案；

5. 拟订公司的年度财务预算方案、决算方案；

6. 拟订公司的利润分配和弥补亏损方案；

7. 拟订公司增加、减少注册资本方案；

8. 提名公司副总经理等高级管理人员人选；聘任或解聘除应由董事会聘任或解聘以外的人员；

9. 制订公司内部管理机构设置及人员编制方案；

10. 制定公司的风险管理等各项规章制度；

11. 决定公司高级管理人员以外的员工的薪酬、福利、考核与奖惩方案；

12. 提议召开董事会临时会议；

13. 授权范围内的日常经营开支审批权；

14. 履行董事会授予的其他职权。

第四条　经董事会或董事长授权，行使以下职权：

1. 经营事项及资金支付审批权。

（1）审批单项金额在10万元以下（不含本数）的经营业务事项及资金支付；

（2）审批单笔金额在1万元以下（不含本数）的日常经营事项费用及资金支付。

2. 合同签订权。

签订单项金额在100万元以下（不含本数）的经济合同。

3. 人事权。

（1）提名公司副总经理等高级管理人员；

（2）任免公司部门、业务单位负责人（需经董事长审议）；

（3）聘用或解聘公司高级管理人员、部门和业务单位负责人以外的员工；

（4）根据公司薪酬管理制度，决定公司高级管理人员以外员工的薪酬。

第五条　在公司年度预算中列支总经理工作费用项目，用于总经理行使职责的开支。

第三章　总经理办公会

第六条　总经理办公会议原则上每周召开一次，研究处理公司日常的各项经营管理工作，调度和协调各职能部门的工作，保证经营目标的顺利完成。

第七条　总经理对经营管理工作中的重要事项原则上应通过总经理办公会的形式进行决策，并事先经过公司规定的程序。

第八条　总经理办公会议的筹备工作在总经理的领导下进行，由办公室具体负责，会议议题由总经理审定。

第九条　总经理办公会由总经理主持，总经理因故不能主持会议的，应指定一位副总经理代其主持会议。

第十条　总经理办公会原则上不审议在会议通知上未列明的议题或事项。特殊情况下，经总经理同意可增加议题或事项。

第十一条　需要并可以作出决议的事项应在会议结束前作出决议；凡需要进一步研究或作重大修改的事项由总经理决定复议的时间和方式。

第十二条　总经理办公会议实行总经理负责制，经与会人员充分发表意见后，由总经理最终决策。

第十三条　总经理办公会形成有关决议，应当以书面方式予以记载，总经理应在书面决议上签字。

第十四条　建立总经理与董事长沟通交流制度。总经理应定期或不定期向董事长报告工作。总经理办公会议讨论的重要事项，总经理应事先与董事长进行充分沟通，并将决议情况向董事长报备。

第四章　附　则

第十五条　本细则未尽事宜，或者与国家法律、法规或《公司章程》相抵触时，按国家有关法律、法规和《公司章程》的规定执行，并立即修订，报董事会审议通过。

第十六条　本细则由董事会负责解释，经董事会审议通过后施行。

三、组织结构设计

任何组织在进行机构设计时都需遵守一些原则，用以指导组织机构的设计，为此，我们根据组织设计的常用原则并结合公司实际提出了如下组织设计原则。

（一）组织设计原则

1. 战略导向原则

企业组织设计的根本目的，是为实现企业的战略目标服务。组织结构的设计工作必须围绕公司的战略发展目标而进行。当企业的战略目标发生重大变化时，组织结构必须作相应的调整和变革，以适应战略发展的需要。

2. 专业分工和协作的原则

现代企业的管理，工作量大，专业性强，分别设置不同的专业部门，有利于提高管理工作的质量与效率。在合理分工的基础上，各专业部门只有加强协作与配合，才能保证各项专业管理的顺利开展，实现组织的目标。

3. 统一指挥原则

组织内部的分工越细致、越深入，统一指挥对于保证组织目标实现的作用就越重要，在组织结构设计时，要根据一个下级只能服从一个上级领导的原则，将管理各个职位形成一条连续的命令指挥链，明确规定链条中各个职位的职责。

4. 稳定性和适应性相结合的原则

在进行组织结构设计时，既要保证组织在外部环境和企业任务发生变化时，能够继续有序地正常运转；同时又要保证组织在运转过程中，能够根据变化了的情况做出相应的变更，组织应具有一定的弹性和适应性。

知识摘要 1

直线职能制结构

直线职能制组织结构是把直线制和职能制结合起来形成的（如图2-1）。在直线职能制组织结构中，管理人员被分为两类：一类是对下级直接下达命令的直线指挥人员；另一类是为直线指挥人员提供建议和咨询、对下级进行业务指导的职能人员。以直线为基础，在各级行政负责人之下设置相应的职能部门，分别从事专业管理，作为该级领导者的参谋，实行主管统一指挥与职能部门参谋、指导相结合的组织结构形式。

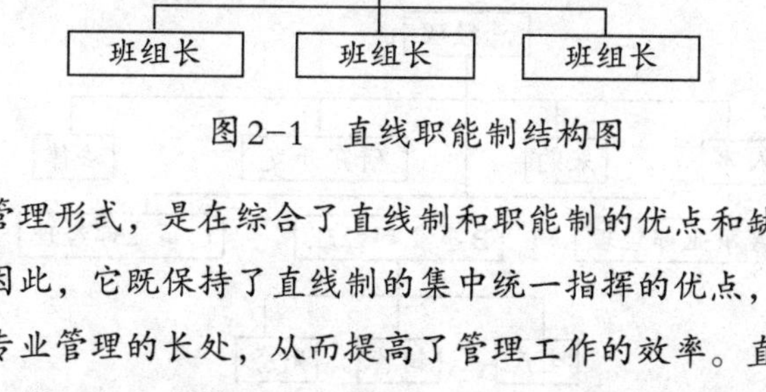

图2-1 直线职能制结构图

这种管理形式，是在综合了直线制和职能制的优点和缺点的基础上形成的。因此，它既保持了直线制的集中统一指挥的优点，又吸取了职能制发挥专业管理的长处，从而提高了管理工作的效率。直线职能制的产生使组织管理大大地前进了一步，所以各国的组织中采用这种组织形式的比较普遍，而且采用的时间比较长。我国目前大多数企业，甚至机关、学校、医院等都采用直线职能制的结构。

但是这种组织结构在管理实践中也有不足之处：权力集中于高层管理者，下级缺乏必要的自主权；各职能部门之间的横向联系差，容易产生脱节和矛盾；各参谋部门与指挥部门之间的目标不统一，容易产生矛盾；信息传递线路较长，反馈较慢，适应环境变化较难，实际上是典型的“集权式”管理组织结构。

（资料来源：钟金霞，谭谊，黄慧. 管理学基础. 湖南大学出版社2007年版）

知识摘要 2

事业部制组织结构

事业部制组织，亦称“M型”组织。它以产生目标和结果为基准来进行部门的划分和组合（如图2-2）。事业部制是西方经济从自由资本主义过渡到垄断资本主义以后，在企业规模大型化、企业经营多样化、市场竞争激烈化的条件下，出现的一种分权式的组织形式。所谓事业部结构，就是一个企业内按产品、地区或市场（顾客）分别成立若干事业部。事业部是在总公司集中领导下进行分权管理的一种组织形式。例如，湖南的三一重工集团按产品类别来划分事业部，麦当劳公司则将自身划分为几大地理区域。另一些企业，如银行，则通常以顾客类型为依据来进行部门划分。

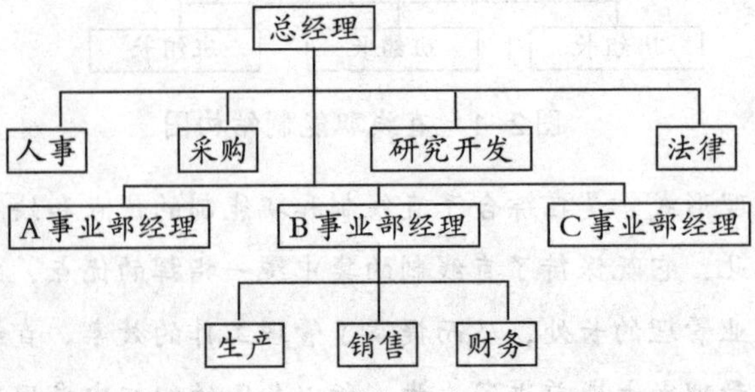

图2-2　事业部制组织结构图

1. 事业部制组织结构的主要优点

（1）提高了管理的灵活性和适应性。由于各事业部单独核算、自成体系，在生产经营上具有较大的自主权，这样既有利于调动各事业部的积极性和主动性，有利于培养和训练高级管理人才，又便于各事业部之间开展竞争，从而有利于增强企业对环境条件变化的适应能力。

（2）有利于高层管理者摆脱日常行政事务，集中精力做好有关企业大政方针的决策。

（3）便于组织专业化生产，便于采用流水作业和自动化等先进的生产组织形式，有利于提高生产效率，保证产品质量，降低产品成本。

2. 事业部制组织结构的主要缺点

（1）增加了管理层次，造成机构重叠、管理人员和管理费用增加。

（2）由于各事业部独立经营，各事业部之间人员互换困难，互相支援较差。

（3）各事业部经常从本部门出发，容易滋长不顾公司整体利益的本位主义和分散主义倾向。

事业部制组织设计中，重要决策可以在较低的组织层次做出，与职能制组织相比较，它有利于以一种分权的方式来开展管理工作。事业部制组织一般适用于在具有较复杂的产品类别或较广泛的地区分布的企业中采用。

（资料来源：钟金霞，谭谊，黄慧.管理学基础. 湖南大学出版社 2007 年版）

（二）组织机构设计

在进行组织机构设计前，首先需要对组织的职能、产品、工艺流程、区域位置进行分析，并对这些影响因素进行综合考虑，然后综合采用职能部门化、产品部门化、工艺流程部门化以及区域位置部门化等方法来设计相应的职能部门及业务单位。

1. 企业职能与活动分析

H公司是一家生产企业，其主要职能与活动分为基本活动与辅助活动。其中基本活动包括材料供应、生产运行、成品储运、市场营销和售后服务。这些活动都与商品实体的加工流转直接相关。企业的辅助性增值活动，包括企业基础管理（包括计划、财务等）、人力资源管理、研究与开发和采购管理。

为便于进行职能与活动的细致分析，我们可从管理职能与活动、产品生产类型、生产流程及区域位置等方面进行更为详细的分析。

（1）从管理职能与活动角度分析。

H公司的管理职能与活动包括行政管理、后勤管理、人力资源管理、财务管理、计划管理、产品研发、生产管理、质量管理、设备管理、采购管理等职能与活动。

（2）从产品生产类型角度分析。

H公司目前只生产空气净化器产品，尽管有不同型号的产品，但总体上来说，仍然是空气净化器产品，故不需要再按产品的类型进行分类。

（3）从工艺流程角度分析。

H公司的空气净化器产品按工艺流程来分通常可分为模具生产、塑料件生产及喷涂、电子器件生产、产品组装及产品测试等环节，但由于模具生产、塑料件生产及喷涂、电子器件生产等环节可由母公司相关工厂生产或外协生产，H公司只是主要负责产品组装及产品测试生产环节，所以根据这两个主要环节来考虑生产体系的机构设置，可以只考虑设置一个生产厂来负责生产与测试。

（4）从区域位置角度分析。

H公司的销售网络主要依靠母公司的销售网络来建立，销售区域分布在各个城市与地区，所以公司的销售体系需要在各个城市与地区建立相应的销售机构。

2. 部门与业务单位划分

在企业职能与活动分析的基础上，需要结合不同角度的分析以及职能归类整合的原则进行部门与业务单位的划分，将相近、相关的职能与活动整合在一起，既有利于相关职能的协调管理，又有利于减少部门机构的设置。为此，我们设置如下部门及业务单位，并确定其主要职能。

表2-1 部门及业务单位主要职能表

序号	职能部门 业务单位	主要职能
1	办公室	行政管理、后勤管理、信息管理等。
2	人力资源部	人力资源管理、企业文化管理等。
3	财务部	会计核算、财务管理、资产管理和税务管理等。
4	生产部	生产计划管理、生产技术管理、安全生产管理等。
5	质量管理部	质量管理、原材料和产品检验等。
6	物流部	运输管理、仓储管理等。
7	采购部	采购管理、外协加工管理等。
8	研发部	产品研发、工艺开发及技术标准管理等。
9	销售部	市场策划、销售及售后服务管理、各办事处管理等。
10	生产厂	产品生产和测试、质量控制及现场管理等。

3. 组织结构图

根据前面部门及业务单位的划分，绘制H公司的组织结构图。

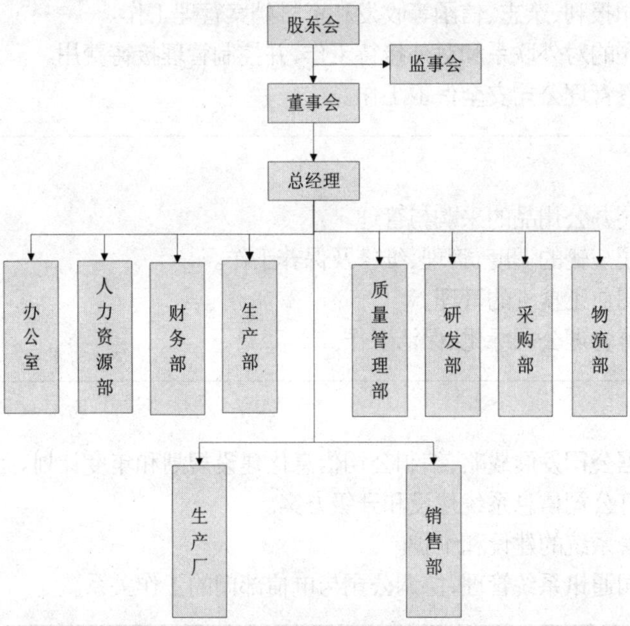

图2-3 组织结构图

（三）部门和业务单位职责

表2-2　办公室职责

部门名称	办公室	部门代码	BGS
审　批		生效日期	
职责概要	在公司总经理领导下，负责公司行政管理、后勤管理及信息管理等工作。		
部门职责			
1. 文秘行政 (1)负责起草公司文件、报告、综合材料等文稿。 (2)负责督促检查上级文件精神、公司决议、决定和领导批示的执行。 (3)负责收集、整理并上报相关信息，为领导经营决策服务。 (4)负责协调部门之间关系，促进生产经营管理正常运行。 (5)负责公司会议的会务、记录等工作。 (6)负责公司文件的审核、呈签、阅办和外来文件的登记、传阅工作。 (7)负责公司报刊、杂志、信函等收发和资料档案管理工作。 (8)负责公司的对外联系和对外接待工作，并控制管理接待费用。 (9)负责监督管理公司安全保卫工作。			
2. 后勤 (1)负责公司办公用品的采购与管理。 (2)负责公司车辆的调度、管理、维修及保养工作。 (3)负责公司员工食堂的管理。 (4)负责监督管理公司绿化、保洁工作。			
3. 信息管理 (1)负责根据公司发展战略，编制公司信息化建设规划和年度计划。 (2)负责制订公司信息系统建设和升级方案。 (3)负责信息系统的建设和维护。 (4)负责公司通讯系统管理，协调公司与电信部门的工作关系。			

表2-3 人力资源部职责

部门名称	人力资源部	部门代码	RLZY
审 批		生效日期	
职责概要	在公司总经理领导下，负责公司人力资源管理、企业文化建设等工作。		
部门职责			
1. 人力资源规划与配置 (1)负责根据公司发展战略，制定人力资源规划。 (2)负责制定公司人力资源管理制度。 (3)负责组织编制公司定岗定员方案。 (4)负责公司员工的招聘和配置。			
2. 员工绩效管理 (1)负责建立和完善员工绩效管理制度，并组织实施。 (2)负责公司员工劳动纪律和员工奖惩的归口管理。			
3. 薪酬福利管理 (1)组织建立和完善公司的薪酬制度，建立薪酬福利体系。 (2)编制、申报公司薪资计划，负责计划的执行。 (3)公司薪资审核、统计、分析、上报等日常工作。 (4)负责公司员工社会保险的日常管理工作。			
4. 培训开发管理 (1)负责调查公司员工培训需求，制订公司员工培训计划并组织实施。 (2)负责组织评估员工培训效果。 (3)负责建立公司人才储备库，做好公司各类人才的培养和选拔工作。 (4)负责员工职称评聘工作。			
5. 员工关系管理 (1)负责建立、健全公司劳动保障制度。 (2)定期开展员工满意度调查和沟通交流活动。 (3)负责公司员工劳动合同管理。 (4)组织公司劳动争议的调查、处理等工作。 (5)负责公司员工档案管理工作。			

（续表）

6. 企业文化管理 (1)负责公司企业文化建设。 (2)负责公司内部刊物的编辑与出版。 (3)负责公司企业文化建设活动的组织。

表2-4 财务部职责

部门名称	财务部	部门代码	CW
审　批		生效日期	
职责概要	在公司财务副总经理领导下，负责会计核算、财务管理与资产管理等工作。		
部门职责			
1. 会计核算 (1)遵守国家财经纪律，贯彻执行国家有关财务会计法规和制度。 (2)负责制定并实施公司财务管理制度、会计核算办法和相应实施细则。 (3)负责完善公司会计核算体系，处理各项会计核算业务。 (4)负责汇总、编制并上报公司月度、季度、年度会计报表。			
2. 财务管理 (1)负责组织编制公司年度财务预算，并监督预算的执行。 (2)负责制订公司季度、月度财务收支计划，资金计划和成本费用计划。 (3)负责组织公司年度决算。 (4)负责编制财务分析报告，为公司领导经营决策提供依据。 (5)负责公司资金的筹集和调度，加强资金管理，提高资金使用效率。 (6)负责公司现金出纳和处理有关银行往来业务。			
3. 资产管理 (1)负责公司固定资产管理，定期组织公司固定资产的清查盘点工作。 (2)负责公司应收账款管理，控制应收账款风险。 (3)负责公司其他资产管理，确保资产的安全、完整。			

（续表）

4. 税务工作 (1)负责公司税收筹划。 (2)负责公司税收申报和缴纳工作。 (3)负责协调与税务部门的工作关系。

表2–5　生产部职责

部门名称	生产部	部门代码	SC
审　批		生效日期	
职责概要	在公司生产副总经理领导下，负责生产管理、质量管理、安全生产管理等工作。		
部门职责			
1. 生产管理 (1)负责根据销售计划制订生产计划。 (2)负责合理组织生产调度，确保生产计划的完成。 (3)负责监督执行各项工艺标准和操作规程。 (4)严格控制生产成本，编制生产日报表和成本统计核算表。 (5)合理调度生产动力能源，保障动力供应，控制生产能耗。			
2. 技术管理 (1)负责确定已有产品系列新产品的生产工艺。 (2)负责组织现有产品的工艺完善与提升。 (3)负责组织技术方案的改进，降低生产成本。 (4)负责技术资料与情报的收集，建立健全公司技术档案。 (5)参与新产品开发设计方案的评审，配合新产品的试生产。			
3. 设备管理 (1)负责制定设备操作规程，组织设备操作人员培训。 (2)负责生产设备的管理、维修与维护。 (2)负责公司水电气的供应。 (3)负责制订年度及月度设备检修计划，并组织实施。 (4)负责备品备件采购计划的申报。			

（续表）

(5)负责外协件的质量控制。 (6)负责对生产设备进行技术改造。 (7)负责组织设备事故的分析和鉴定。
4. 安全生产管理 (1)负责制定公司安全生产管理制度、安全生产技术措施和劳动保护计划，并严格执行。 (2)负责实施安全生产检查和监督，消除安全隐患。 (3)负责推行“5S”活动，加强生产现场监督管理，创造良好工作环境。 (4)负责组织处理安全事故，保障生产正常运转。

表2-6　质量管理部职责

部门名称	质量管理部	部门代码	ZL
审　批		生效日期	
职责概要	在生产副总经理领导下，负责公司原材料、产品检验与质量管理等工作。		
部门职责			
1. 检验工作 (1)负责对检验、测量和试验设备进行控制、校准和维护，保证检测数据准确性。 (2)负责原材料、外协加工件的质量检验。 (3)负责中间品、产成品的质量检验工作。			
2. 质量管理 (1)建立与完善质量管理体系文件，组织质量体系标准的宣贯。 (2)定期组织质量体系审核，持续改进质量管理体系。 (3)制定质量管理制度、质量检验规程等并严格执行。 (4)提出质量标准修改和质量改进建议，提高产品质量，降低生产成本。 (5)负责质量分析工作，编写质量动态报告，为质量改进提供依据。 (6)参与新产品的试制工作，对新产品的定型进行质量评价。 (7)负责妥善处理客户质量投诉，并提出处理意见，对投诉项目的质量进行跟踪改善。			

（续表）

(8)妥善处理质量异常，鉴定、对不合格品提出处置意见。 (9)负责原辅材料供应商、外协加工厂商供货质量的评价，为供应商评审提供依据。

表2-7　研发部职责

部门名称	研发中心	部门代码	YF
审　批		生效日期	
职责概要	在公司研发副总经理的领导下，负责公司产品研发、工艺开发及技术标准管理等工作。		
部门职责			
1. 技术规划与计划 (1)广泛收集行业内技术发展的信息和情报，并进行分析和预测，向公司提出新产品、新工艺的发展趋势的分析报告，为公司进行产品及技术发展的战略决策提供依据。 (2)根据对市场信息的调研及公司的产品发展战略制定新产品、新工艺的开发规划。 (3)制定公司技术发展规划。 (4)制订年度、季度、月度新产品、新工艺开发工作计划。			
2. 新产品、新工艺的设计与开发 (1)负责对重大科研项目的立项进行可行性论证。 (2)负责根据新产品、新工艺的开发计划进行新产品、新工艺的设计与开发。 (3)负责根据市场需求调查，进行新产品设计与开发。 (4)负责对现有产品进行设计改良。 (5)负责组织样品及试制品的实验、试验与鉴定。			
3. 技术标准管理 (1) 负责制定新产品技术标准。 (2) 负责根据生产部门要求及实际需要修订产品技术标准。 (3) 负责设计新产品使用说明书。			

（4）负责公司知识产权、专利权的管理。 （5）负责对外技术合作项目的开展与管理。 （6）负责建立健全公司研发资料档案。
4. 技术支持与指导 (1)为新产品生产提供技术指导。 (2)根据营销部的要求提供技术支持和服务。 (3)协助生产部开展重大质量攻关活动。

表2–8　采购部职责

部门名称	采购部	部门代码	CG
审　批		生效日期	
职责概要	在公司财务副总经理领导下，负责会计核算、财务管理与资产管理等工作。		
部门职责			
1. 物资采购 (1)负责公司各部门申购计划的汇总和公司采购计划的编制。 (2)负责组织物资采购合同的评审。 (3)组织实施审批后的采购计划，确保企业经营过程中的物资供给并有效控制采购成本。 (4)负责采购物资的质量、数量问题的追溯及异议提出、跟踪与索赔。			
2. 外协加工件采购 (1)负责外协加工厂的开拓工作。 (2)负责外协件的采购工作。 (3)负责外协厂生产过程及质量的跟踪管理。			
3. 供应商管理 (1)负责建立物资采购渠道和比价体系，组织供应商的择优筛选与新供应商的开发工作。 (2)负责建立供应商信息库，并实施动态管理。 (3)负责供应商信用等级评估与管理。			

表2-9 物流部职责

部门名称	物流部	部门代码	WL
审　批		生效日期	
职责概要	在经营副总经理领导下，负责公司运输管理及仓储管理等工作。		
部门职责			
1. 仓储管理 (1)负责实行科学的仓储管理，最小限度地降低资金占用与库存成本。 (2)负责仓库物品的贮存、保管、防护、标志。 (3)负责办理所有物品的出、入库手续。 (4)负责定期对库存物资盘点，做到账物相符。 (5)负责统计与分析库存物资信息，编制物资报表，确保物料需求信息与消耗信息畅通。 (6)负责仓库的安全管理。 (7)负责废旧物质的处理。			
2. 运输管理 (1)负责编制物流配送计划。 (2)负责外部物流机构的合同洽谈、签订及费用结算。 (3)负责物资的运输与配送。 (4)负责物资的包装作业。 (5)负责运输车辆的管理。 (6)负责处理运输保险与运输事故的处理。 (7)负责退货与换货。			

表2-10　销售部职责

部门名称	销售部	部门代码	XS
审　批		生效日期	
职责概要	在公司销售副总经理领导下，负责公司的市场开拓与管理、销售管理、客户服务管理等工作。		
部门职责			
1. 市场开拓与管理 (1)根据公司发展战略要求，进行市场信息收集与分析，制定和调整营销策略，并为公司高层决策提供信息。 (2)控制市场开拓费用。 (3)制定并监督落实市场与渠道管理政策。 (4)规范经销商行为并定期进行经销商评审。 (5)进行产品、品牌宣传策划及公司的CIS系统的策划，开展促销、品牌宣传及新产品推广活动。 (6)对销售合同和协议进行登记、归档管理。			
2. 销售管理 (1)完成公司的销售目标。 (2)根据市场需求，向研发中心提出新产品开发建议。 (3)发展经销商，开展销售渠道建设。 (4)组织对业务员和客户销售的技术支持。 (5)控制销售费用。 (6)有效管理应收账款，完成公司下达的货款回笼率目标。 (7)根据客户的订货需求及库存结构的变化，进行生产计划的编排，确保销售合同的如期履行。 (8) 定期进行销售统计与分析，编制销售报表与报告。			
3. 客户服务与管理 (1)建立健全客户资源档案，建设客户关系管理的信息系统。 (2)对客户进行分类管理，确保满足重点客户的需求。 (3)为客户提供售前、售中、售后服务，处理客户投诉和换、退货事宜。			

表2-11　生产厂职责

部门名称	生产厂	部门代码	SCC
审　批		生效日期	
职责概要	在生产副总经理领导下，负责公司产品生产加工、现场管理与安全生产管理等工作。		
部门职责			
1. 生产组织管理 (1)负责根据生产部调度指令，合理安排生产计划； (2)负责确保生产进度，按时按质完成生产任务。 (3)负责向生产部及时反馈生产中出现的问题。 (4)及时上报生产报表。 (5)负责执行操作规范、工艺标准。 (6)负责生产设备的日常维护保养。			
2. 技术与质量管理 (1)负责对设备操作标准提出改进建议。 (2)负责建立健全工艺文件，优化加工工艺。 (3)负责产品生产过程质量控制，及时发现和处理生产过程中发生的质量问题。 (4)协助研发部开发研制新产品。 (5)协助质量管理部分析处理生产中出现的质量问题，定期召开质量分析会，组织相关人员进行技术公关。			
3. 生产成本管理 (1)负责加强生产成本管理，控制和降低废品率、次品率； (2)负责组织分析生产成本，并实施班组成本考核。			
4. 生产安全与现场管理 (1)负责制定生产人员的操作规范和安全生产、文明生产细则。 (2)负责生产过程中的安全管理。 (3)负责内部员工安全知识教育与培训。 (4)负责生产现场的"5S"管理。			

● 学习案例

海尔组织结构解析

20世纪80年代，海尔同其他企业一样，实行的是“工厂制”。集团成立后，1996年开始实行“事业部制”，集团由总部、事业本部、事业部、分厂四层次组成，分别承担战略决策和投资中心、专业化经营发展中心、利润中心、成本中心职能。

事业部——由集权向分权制转化的一种改革

事业部制是一种分权运作的形式，首创于20世纪20年代的美国通用汽车公司和杜邦公司。它是在总公司领导下设立多个事业部，各事业部有各自独立的产品和市场，实行独立核算。事业部内部在经营管理上则拥有自主性和独立性。这种组织结构形式最突出的特点是“集中决策，分散经营”，即总公司集中决策，事业部独立经营。这是在组织领导方式上由集权向分权制转化的一种改革。

海尔的事业部制，外面一般认为是学习或模仿日本的体制。实际上，它更多地学习参考了美国GE的管理体制。海尔在很多方面带有明显的GE痕迹。

美国GE的组织机构变迁经过了3个阶段：一是60年代的分权运作，促进了主业的增长和经营的多样化；二是70年代根据公司总财源的分配来安排下属单位的战略需求，让各下属公司建立战略事业单位，使全公司扩大了规模、增加了产品的种类并使利润持续不断地增长；三是到80年代进入战略经营管理时期，对前两个阶段的组织模式不断进行修正。

张瑞敏认为这种高度分权对市场销售具有有效刺激，但又发现，这种个体户式的拼杀，会造成各事业部之间盲目竞争，竞相重复使用内外资源，于大局不利，有可能形成单位销售额上升而集团整体投资回报率不高的局面，不利于集团重点扶持未来有发展前途的产业。因此，海尔对分权的大小、多少有自己战略性的考虑。对“夕阳型”的产品尽可能分权划小经营单位，让其随行就市；而对“朝阳型”的产业，如未来的数字化家电，则要集中人力和财力，做大规模，确保竞争力。

果然，GE后来发现，公司的销售额大幅度增长了，但每股的红利并没有随着增长，与此同时，公司的投资回报率也下降了。

从超事业部到脱毛衣

1972年起任GE董事长的雷金纳德·琼斯于1978年再次改组了公司的体制，实行“执行部制”，也就是“超事业部制”。这种体制就是在各个事业部上再建立一些“超事业部”，来统辖和协调各事业部的活动，也就是在事业部的上面又多了一级管理。在改组后的体制中，董事长琼斯和两名副董事长组成最高领导机构执行局，专管长期战略计划，负责和政府打交道，以及研究税制等问题。执行局下面设5个“执行部”，每个执行部由一名副总裁负责。执行部下共设有9个总部（实为集团），50个事业部，49个战略事业单位。各事业部的日常事务，以至有关市场、产品、技术、顾客等方面的战略决策，以前都必须向公司最高领导机构报告，而现在则分别向各执行部报告就行了。

张瑞敏说，海尔的事业本部有些像GE在1978年实行的“超事业部制”，它管了不少事业部，事业部下又管了不少项目和经营单位。像GE的5个执行部归副总裁领导一样，海尔的几位副总裁也分别领导着几大事业本部，总裁只管横向的几大中心，如财务中心、规模发展中心、资产运营中心、人力资源中心和企业文化中心等等。

韦尔奇接替琼斯后，对组织结构又作了大幅度的重新设计。他把组织的层级比做毛衣，当人外出穿了四件毛衣的时候，就很难感觉到外面的天气有多冷了。因此，韦尔奇撤销了事业部之上的管理机构，废除了战略事业单位，使自己能够和事业部的领导人直接互动。这个新秩序的主要效果，就是赋予独立自主的事业部主管以权力，特别是大幅度扩大他们在资本配置上的权力，而这是管理上最重要的功能之一。改革以前，GE的组织就像多层的结婚蛋糕，改革后它像一个车轮，在中间有个轮轴，其外有轮辐向外延伸扩大。

有序的非平衡结构

在企业的运作方式上，海尔集团采取“联合舰队”的运行机制。集团总部作为“旗舰”以“计划经济”的方式协调下属企业。下属企业在集团内部是事业本部，对外则是独立法人，独立进入市场经营，发展“市场经济”，但在企业文化、人事调配、项目投资、财务预决算、技术开发、质量认证及管理、市场网络及服务等方面须听从集团的统一协调。用海尔人人都熟悉的话说，各公司可以“各自为战”，不能“各自为政”。张瑞敏说，集团所要求的，你必须执行，有问题我来负责、我来订正。你可以提出建议，但绝不许阳奉阴违。

从本质上说，海尔的组织结构经历了从直线职能式结构到矩阵结构再到市场链结构的三次大变迁。直线职能式结构就像一个金字塔，下面是最普通的员工，最上面是厂长、总经理。它的好处就是比较容易地控制到终端。直线职能在企业小的时候，“一竿子抓到底”，反应非常快。但企业大了这样就不行了。最大的弱点就是对市场反应太慢。为了克服这一问题，海尔改用矩阵结构。横坐标是职能部门，包括计划、财务、供应、采购；纵坐标就是不同的项目。对职能部门来讲，横纵坐标相互的接点就是要抓的工作。这种组织形式的企业发展多元化的阶段可以比较迅速地动员所有的力量来推进新项目。

在论述海尔组织结构的变迁时，张瑞敏再次强调了“有序的非平衡结构”：“整个组织结构的变化缘自我们组织创新的观点，就是企业要建立一个有序的非平衡结构。一个企业如果是有序的平衡结构，这个企业就是稳定的结构，是没有活力的。但如果一个企业是无序的非平衡，肯定就是混乱的。我们在建立一个新的平衡时就要打破原来的平衡，在非平衡时再建立一个平衡。就像人的衣服一样，人长大了服装就要改，如果不改肯定要束缚这个人的成长。”

（资料来源：胡泳．海尔中国造——跨国战略与领导之道．海南出版社）

任务三
新产品开发团队组建

在当今竞争越来越激烈的时代，组织从事诸多活动都需要跨部门的协作，许多业务过程都打破了部门边界，以便让更多的部门和人员参与交流。事实上，在组织中各种各样的团队随处可见，如项目团队、职能团队、跨部门领导小组、工作小组以及各种委员会等。但是，不同人员的简单组合未必就能充分发挥个体的作用，正如一堆散沙绝不能建起高楼。因此，在团队组建时应考虑合理选择团队成员，使之成为一支能力互补、相互支持、密切合作，共同为目标的实现而努力奋斗的团队。

● 背景材料

W公司是一家老国企，研发力量较强，具有结构较合理的研究人员，但在过去领域的产品研发过程中，更多注重产品技术、性能的优良，对市场的需求及如何满足客户的需求关注得少一些，因而产品虽好，但客户的满意度并不是特别高，竞争能力不强。自从决定进入空气净化器行业后，就成立了子公司H公司，其大部分人员均是从母公司W公司抽调过来的。

面对激烈的市场竞争，H公司采用了差异化竞争战略，通过产品差异化竞争，提高公司的竞争能力，快速提高销售收入，并迅速获取丰厚的利润。因此，公司需要突破过去的瓶颈，不断提高公司的研发能力，在新的业务领域研发出性能先进、实用的，并适应市场需求、客户满意的新产品，通过新产品的开发保持其产品差异化的竞争优势，使之成为公司新的利润增长点。为此，公司决定组建新产品开发团队。

● 任务要求

组建一个新产品开发团队，人数控制在5人以内，为开发新产品奠定组织基础与人力资源基础。

● 解决方案

一、总体设计思路

为组建一支结构合理、满足设计目标的团队需要经过多个步骤的评估和选择才能达到团队组建的要求。通常情况下，我们需经过以下步骤以及采取以下方法才能选择好团队成员。

表3-1　总体设计思路表

内　容		需达成的目标
团队分析	团队目标分析	明确组建团队的具体目标，为组建团队提供方向。
	团队功能分析	分析为实现团队目标，团队应该具有什么样的功能及主要的能力，从而为选择团队成员的知识结构及能力结构提供依据。
	选择标准	根据团队组合原理，提出团队成员应该满足的标准和要求，以指导选择团队成员。
	筛选团队成员	根据选择标准及现有人员的基本情况初步筛选团队成员。

(续表)

团队成员选择	团队成员评估	通过评估判断团队成员是否满足团队要求，从而进一步筛选团队成员。
	团队成员匹配性分析	在初步筛选了团队成员的基础上再进一步评估成员之间是否匹配。
	团队成员确认	最后选定团队成员。
角色与责任	界定团队成员的角色	对团队成员的角色进行定位。
	明确主要工作职责	对团队成员进行分工，明确他们的工作职责。
行为规范	团队合作行为准则	对团队的合作行为进行规范。
	团队工作行为准则	对团队成员的工作行为进行规范。
	团队会议讨论准则	对团队会议讨论的要求进行规范。

二、新产品开发团队成员选择

(一) 团队目标及能力分析

1. 团队目标分析

根据背景材料所提出的要求，团队的总体目标是开发出适应市场需求的新产品，保持产品功能的先进性、实用性以及性能的稳定性，适应公司差异化的竞争战略。

2. 团队能力分析

为达成此目标，应对团队应具备的功能与能力进行分析。我们利用功能与能力分析模型进行分析，从而得出团队应具备的功能和能力，只有这样才能做到有的放矢，团队的组建与成员的选择才具有明确的目标，才能使团队成员完成任务的能力得到有效保障。

表3-2　团队功能与能力分析模型

序号	任务目标	任务目标分解	团队应具备的功能与能力
1	功能先进性 性能稳定性	掌握研究领域前沿知识与技术	开发技术研究能力 产品设计能力 消费趋势研究与竞争对手分析能力
		消费趋势研究	
		先进的制造工艺与技术	
		竞争对手分析	
2	功能实用性	客户需求研究	成本分析与控制能力 对客户产品使用状况的了解 消费者研究能力
		成本控制	
		功能、性能的实用评估	
3	符合市场、客户需求	市场调查研究	市场调查与分析能力 消费者需求调查与分析
		消费者需求研究	

通过运用团队功能与能力分析模型进行分析，我们总结出新组建的新产品开发团队应具备以下功能与能力：

（1）良好的技术研究能力；

（2）良好的产品开发经验与能力；

（3）良好的工艺技术改进的经验与能力；

（4）良好竞争对手产品的分析能力；

（5）良好的市场调查与消费者需求分析能力；

（6）出色的成本控制能力。

（二）团队成员初步选择

1. 团队成员选择因素

团队运作是一个多人合作的组织形式，各个成员在其中扮演不同的角色，选择团队成员应从多角度考虑，既要符合技术能力要求，又要符合团队各种角色等因素的要求。

一般情况下，选择团队成员应从以下几个方面进行考虑：

（1）团队应具备的功能、能力需求；

（2）团队成员的角色定位；

（3）团队成员的年龄组合；

（4）团队成员行为风格等要素的匹配；

（5）对原来团队的影响。

知识摘要 1

团队角色

1. 实干者

实干者非常现实，传统甚至有点保守，他们崇尚努力，计划性强。喜欢用系统的方法解决问题；实干者有很好的自控力和纪律性。对团队忠诚度高，为团队整体利益着想而较少考虑个人利益。

典型特征：有责任感、高效率、守纪律，但比较保守。

作用：由于其可靠、高效率及处理具体工作的能力强，因此在团队中作用很大；实干者不会根据个人兴趣而是根据团队需要来完成工作。

优点：有组织能力、务实，能把想法转化为实际行动；工作努力、自律。

缺点：缺乏灵活性、可能会阻碍变革。

2. 协调者

协调者能够引导一群不同技能和个性的人向着共同的目标努力。他们代表成熟、自信和信任，办事客观，不带个人偏见；除权威之外，更有一种个性的感召力。在团队中能很快发现各成员的优势，并在实现目标的过程中能妥善运用。

典型特征：冷静、自信、有控制力。

作用：擅长领导一个具有各种技能和个性特征的群体，善于协调各种错综复杂的关系，喜欢平心静气地解决问题。

优点：目标性强，待人公平。

缺点：个人业务能力可能不会太强，比较容易将团队的努力归为己有。

3. 推进者

说干就干，办事效率高，自发性强，目的明确，有高度的工作热情和成就感；遇到困难时，总能找到解决办法；推进者大都性格外向且干劲十足，喜欢挑战别人，好争端，而且一心想取胜，缺乏人际间的相互理解，是一个具有竞争意识的角色。

典型特征：挑战性、好交际、富有激情。

作用：是行动的发起者，敢于面对困难，并义无反顾地加速前进；敢于独自做决定而不介意别人的反对。推进者是确保团队快速行动的最有效成员。

优点：随时愿意挑战传统，厌恶低效率，反对自满和欺骗行为。

缺点：有挑衅嫌疑，做事缺乏耐心。

4. 创新者

创新者拥有高度的创造力，思路开阔，观念新，富有想象力，是“点子型的人才”。他们爱出主意，其想法往往比较偏激和缺乏实际感。创新者不受条条框框约束，不拘小节，难守规则。

典型特征：有创造力，个人主义，非正统。

作用：提出新想法和开拓新思路，通常在项目刚刚启动或陷入困境时，创新者显得非常重要。

优点：有天分，富于想象力，智慧，博学。

缺点：好高骛远，不太关注工作细节和计划，与别人合作本可以得到更好的结果时，却喜欢过分强调自己的观点。

5. 信息者

信息者经常表现出高度热情，是一个反应敏捷、性格外向的人。他们的强项是与人交往，在交往的过程中获取信息。信息者对外界环境十分敏感，一般最早感受到变化。

典型特征：外向、热情、好奇、善于交际。

作用：有与人交往和发现新事物的能力，善于迎接挑战。

优点：有天分，富于想象力，智慧，博学。

缺点：当初的兴奋感消逝后，容易对工作失去兴趣。

6. 监督者

监督者严肃、谨慎、理智、冷血质，不会过分热情，也不易情绪化。他们与群体保持一定的距离，在团队中不太受欢迎。监督者有很强的批判能力，善于综合思考谨慎决策。

典型特征：冷静、不易激动、谨慎、精确判断。

作用：监督者善于分析和评价，善于权衡利弊来选择方案。

优点：冷静、判别能力强。

缺点：缺乏超越他人的能力。

7. 凝聚者

是团队中最积极的成员，他们善于与人打交道，善解人意，关心他人，处事灵活，很容易把自己同化到团队中。凝聚者对任何人都没有威胁，是团队中比较受欢迎的人。

典型特征：合作性强，性情温和，敏感。

作用：凝聚者善于调和各种人际关系，在冲突环境中其社交和理解能力会成为资本；凝聚者信奉“和为贵”，有他们在的时候，人们能协作得更好，团队士气更高。

优点：随机应变，善于化解各种矛盾，促进团队合作。

缺点：在危机时刻可能优柔寡断，不太愿意承担压力。

8. 完美者

具有持之以恒的毅力，做事注重细节，力求完美；他们不大可能去做那些没有把握的事情；喜欢事必躬亲，不愿授权；他们无法忍受那些做事随随便便的人。

典型特征：埋头苦干，守秩序，尽职尽责，易焦虑。

作用：对于那些重要且要求高度准确性的任务，完美者起着不可估量的作用；在管理方面崇尚高标准严要求，注意准确性，关注细节，坚持不懈。

优点：坚持不懈，精益求精。

缺点：容易为小事而焦虑，不愿放手，甚至吹毛求疵。

从以上的描述可知：实干者善于行动，团队中如果缺少实干者，则会太乱；协调者善于寻找到合适的人，团队中如果缺少协调者，则领导力不强；推进者善于让想法立即变成行动，团队中如果缺少推进者，则工作效率将会不高；创新者善于出主意，团队中如果缺少创新者，则思维会受到局限；信息者善于发掘最新"情报"，团队中如果缺少信息者则会比较封闭；监督者善于发现问题，团队中如果缺少监督者，则工作绩效不稳定甚至可能大起大落；凝聚者善于化解矛盾，团队中如果缺少凝聚者，则人际关系将会变得紧张；完美者强调细节，团队中如果缺少完美者，则工作会比较粗糙。

（资料来源：山西新闻网，山西经济日报）

2. 团队成员初步筛选

（1）根据团队成员的选择因素确定团队成员的选择范围。

表3-3　团队成员选择范围表

序号	选择因素	要　求	成员来源
1	能力要求	技术研究	研发部
		产品研发	研发部、技术部、生产厂
		产品工艺研究	研发部、技术部、生产厂
		客户需求研究	研发部、销售部
		市场需求研究	销售部
2	团队角色	领导者	研发部、生产部或其他部门
		开发人员	研发部、技术部、生产厂
		市场调查人员	销售部
3	年龄组合	不同年龄段搭配	——

（续表）

4	行为风格	工作与处事风格、习惯尽可能不发生冲突	——
5	对原团队的影响	不能对原有团队造成重大影响，特别是在抽调人员时，应确保原有团队中保留有骨干力量	——

（2）根据团队成员要求提出团队候选人，并进行初步筛选。

根据相关部门的情况，初步对相关人员进行特征分析，在此基础上，提出筛选意见，在进行筛选时要注意多角度考虑问题。

表3–4 团队成员筛选表

序号	姓名	部门	特点	筛选意见
1	A	研发部	研发经验丰富，原研发部部长，年龄较大（52岁）。	不通过。年龄较大，且过去有较高职务。
2	B	研发部	思维活跃，研发能力强，特别擅长于结构设计，年轻（35岁）。	通过。各方面符合要求。
3	C	研发部	创新能力强，个性较强，擅长于外观设计，年轻（30岁）。	通过。善于创新，能帮助团队拓宽思路。年轻富有朝气。
4	D	研发部	具有较强的管理水平，且善于外观设计，但水平不是很高，具有较强的个人魅力，年富力强（40岁）。	通过。尽管专业水平不是很强，但懂专业，重要的是具有管理才能。
5	E	研发部	研发能力突出，获得产品设计专利，擅长于电子电器方面的设计（42岁）。	通过。研发能力突出，经验丰富。
6	F	技术部	熟悉相关工艺及工艺改进，经验丰富，公司生产工艺审核的责任人（42岁）。	不通过。可能会影响原生产工作。

（续表）

7	G	技术部	多次主持或参与新产品开发，并熟悉产品结构设计与制造工艺，创新能力强（36岁）。	通过。具有较强的工艺创新与设计能力。年龄也合适。
8	H	技术部	曾经在研发部工作多年，且熟悉相关工艺及工艺改进（38岁）。	通过。既懂产品研发，又懂工艺。年龄也合适。
9	I	生产厂	非常熟悉生产工艺，特别是在处理生产过程中的工艺问题方面有丰富的经验，担任工艺副厂长（42岁）。	不通过。年龄较大，处理实际问题强于创新。
10	J	生产厂	善于电子电器方面的设计，工艺技术革新及创新能力强（29岁）。	通过。具有较强的创新能力，年轻人思维活跃。
11	L	销售部	从技术、研发部门转入销售部门3年，熟悉创意与外观设计，比较熟悉市场及客户需求，年轻（36岁）。	通过。既懂研发，又熟悉营销。同时又年轻。
12	M	销售部	销售业绩好、谈判能力强，善于进行市场调查，参与过新产品开发调研（38岁）。	通过。非常熟悉市场。

（三）团队成员的个体评估

1. 经验、能力、人际关系的评估

经过初步筛选的候选人仅仅只是比较宏观或凭经验进行筛选的结果，难免由于评估不科学、不细致而出现偏差，因而，我们需要对初步筛选后的候选人进行较为全面、科学的评估。通常情况下，我们可以从经验、能力、人际关系四个维度进行评估，以此做出进一步的判断。

在进行评估时我们需要合理选择评估组的成员，通常会在公司主管领导、候选人所在部门负责人、部分同事、有关专业人员中选择，甚至可考虑聘请外部专家参与评估。

一般情况下我们可以按下列方法进行评估。评估分数采取5分制。其评估标准如下：

5分—非常符合要求；

4分—比较符合要求；

3分—符合要求；

2分—基本符合要求；

1分—不符合要求

根据初步筛选结果，我们对已通过筛选的9名成员进行综合能力评估。

表3–5 团队成员综合能力评估表

姓名	要参与这种类型的项目,该候选人是否具备足够的经验和技能?	该候选人以前是否参与过同等规模的项目?	该候选人能否很好控制自己的情绪？处理压力的能力如何？	该候选人能否做好接迎更大挑战的准备?	该候选人在关系管理方面自我意识如何？社交意识与自我管理如何？	评估总分
B	4	4	4	4	3	19
C	3	3	4	4	3	17
D	3	4	5	4	5	21
E	5	5	4	4	4	22
G	5	5	4	4	4	22
H	3	3	4	4	4	18
J	4	3	4	5	4	20
L	4	4	4	5	4	21
M	2	3	4	4	4	17

2. 面试沟通

对经过初步筛选的人员进行面试沟通，以进一步确认筛选的对象是否符合团队成员的要求。一般情况下，我们可以通过以下几个方面的面试来进行筛选。

（1）有关情商方面的面试。

①参加这个团队你最在意的是什么？为什么呢？

②如果你最亲近的朋友用三个词来描述你，你觉得会是哪三个词？

③用实例说明你如何处理团队冲突，出现了什么问题？结果如何？

④一些人以大局为重，而一些人则注重细节，你属于哪种？为什么？

⑤很多时候人们都需要外界帮助，举个事例说明你是如何为同事们提供更多帮助的？

（2）有关经验与技能方面的面试。

①描述一个主要由你负责的项目或设想，你在其中担任什么角色？结果如何？

②用实例说明采用你的建议很好地解决问题的经历。

③请举出你能利用有限信息迅速做出决策的实例。

④说说你成功阻止一项决策的经历。

⑤请举出和其他成员合作实现了一个重要的团队目标的例子。

知识摘要 2

高效团队的特征

1. 清晰的目标

团队应该有一个既定的目标，为团队成员导航，知道要向何处去，没有目标这个团队就没有存在的价值。

高效的团队对所要达到的目标有清楚的了解，并坚信这一目标包含着重大的意义和价值。而且，这种目标的重要性还激励着团队成员把个人目标升华到群体目标中去。在有效的团队中，成员愿意为团队目标作出承诺，清楚地知道希望他们做什么工作，以及他们怎样共同工作最后完成任务。

2. 相关的技能

高效的团队是由一群有能力的成员组成的。他们具备实现理想目标所必需的技术和能力，而且相互之间有能够良好合作的个性品质，从而出色完成任务。后者尤其重要，但却常常被人们忽视。有精湛技术能力的人并不一定就有处理群体内关系的高超技巧，高效团队的成员则往往兼而有之。

3. 相互的信任

成员间相互信任是有效团队的显著特征，也就是说，每个成员对其他人的品行和能力都确信不疑。

我们在日常的人际关系中都能体会到，信任这种东西是相当脆弱的，它需要花大量的时间去培养而又很容易被破坏。而且，只有信任他人才能换来被他人的信任，不信任只能导致不信任。所以，维持群体内的相互信任，还需要引起管理层足够的重视。

组织文化和管理层的行为对形成相互信任的群体氛围很有影响。如果组织崇尚开放、诚实、协作的办事原则，同时鼓励员工的参与和自主性，它就比较容易形成信任的环境。

4. 一致的承诺

高效的团队成员对团队表现出高度的忠诚和承诺，为了能使群体获得成功，他们愿意去做任何事情。我们把这种忠诚和奉献称为一致的承诺。

对成功团队的研究发现，团队成员对他们的群体具有认同感，他们把自己属于该群体的身份看做是自我的一个重要方面。因此，承诺一致的特征表现为对群体目标的奉献精神，愿意为实现这一目标而调动和发挥自己的最大潜能。

5. 良好的沟通

毋庸置疑，这是高效团队一个必不可少的特点。群体成员通过畅通的渠道交流信息，包括各种言语和非言语信息。此外，管理层与团队成员之间健康的信息反馈也是良好沟通的重要特征，它有助于管理者指导团队成员的行动，消除误解。就像一对已经共同生活多年、感情深厚的夫妇那样，高效团队中的成员能迅速而准确地了解彼此的想法和情感。

6. 优秀的领导

优秀的领导者能够让团队跟随自己共同度过最艰难的时期，因为他能为团队指明前途所在。他们向成员阐明变革的可能性，鼓舞团队成员的自信心，帮助他们更充分地了解自己的潜力。

高效团队的领导者往往担任的是教练和后盾的角色，他们对团队提供指导和支持，但并不试图去控制它。

对于那些习惯于传统方式的管理者来说，这种从上司到后盾的角色变换，即从发号施令到为团队服务——实在是一种困难的转变。当前很多管理者已开始发现这种新型的权力共享方式的好处，或通过领导培训逐渐意识到它的益处，但仍然有些脑筋死板、习惯于专制方式的管理者无法接受这种新概念，这些人应当尽快转换自己的老观念，否则就将被取而代之。

（资料来源：百度百科）

（四）团队成员组合的匹配性分析

当团队成员经过以上等环节的选择后，应该基本上不会有多大的问题了，为了发挥团队成员的整体优势，我们有必要最后再进行一次团队成员的匹配性分析，以尽可能地排除降低团队效率、产生内耗的因素。

对团队成员进行匹配性分析时，我们往往从以下几个方面进行分析，以此判断是否存在重复、冲突、过于同质化等不利因素，当然如果这种不利因素并不产生太大的影响，通常也不必进行成员的调整，但这种评估结果可以作为今后进行团队管理的一个参考因素，以便及时化解不利影响或风险。

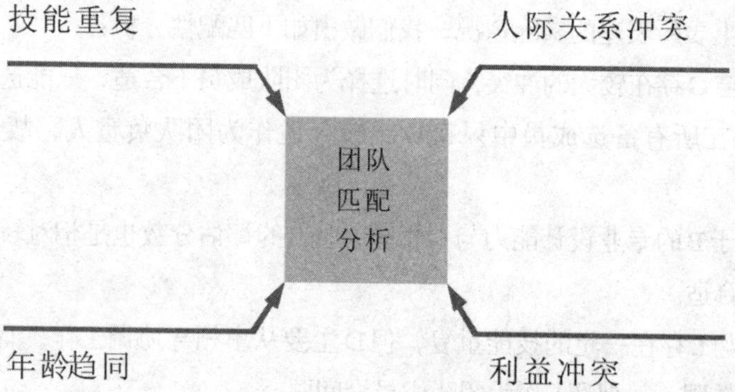

图3-1　团队匹配分析

前面对初步选择的团队成员进行了评估，下面进行最后的匹配性分析，如果前面评估分数高的成员之间存在较大的匹配性问题，则从评估分数相对较高的成员中选择，为此我们先选择7位成员进行匹配性分析。

表3-6　团队成员匹配性分析表

姓名	技能重复	人际关系冲突	利益冲突	年龄趋同
B	与G存在一定的技能重复	否	否	整体年龄合理
D	在专业设计中与L存在一定的复重	与G存在较大的冲突	否	
E	与J存在一定的技能重复,但优势各有侧重	否	否	
G	与B存在一定的技能重复	与D存在较大的冲突	否	
H	否	否	否	
J	与E存在一定的技能重复,但优势各有侧重	否	否	
L	在专业设计中与D存在一定的复重	否	否	

根据上表所表述的实际情况，我们做出如下匹配性分析：

1. D与G存在较大的冲突，同时选择为团队成员不合适，只能选择其中一个。由于在所有备选成员中只有D比较合适作为团队负责人，故选择D较合适。

2. 由于B的专业设计能力与G相同，且B的评估分数也是相对较高的，故选择B较合适。

3. D与L存在一定的技能重复，但D主要从事领导协调工作，且L的创意设计能力较强，故保留L作为团队成员没问题。

4. E与J存在一定的技能重复，但是各有侧重，且电子电器设计可分为几个模块，可以做一些设计分工，可以同时保留两人，以增强设计力量。

知识摘要 3

知识型员工团队特征

与其他类型的员工相比，知识型员工更加重视能够促进他们不断发展的、有挑战的工作，他们对知识、对个体和事业的成长有着持续不断的追求；他们要求给予自主权，使之能够以自己认为有效的方式进行工作并完成他们的任务。因此，知识型员工完全能够胜任团队工作方式。

知识型员工组成的团队与一般团队相比，具有以下一些特征：

第一，团队成员地位的平等。在一般团队中，虽然也强调非领导地位，但是，由于团队成员的角色经常会和传统工作部门的角色相交叉，成员之间无形中会以传统的领导与下属的关系相处。而在知识型员工团队中，尽管也有领导，但这种领导常常没有特权，只是一个召集人；其成员之间的关系一般不特别表现为上下级关系，共同分担风险、分享利益；而且，由于每个成员都是某一方面的“专家”，在自己的专业领域内有较充分的发言权，团队中于是就不会存在传统意义上的“权威人物”，从而表现为团队成员地位上的平等性。

第二，成员之间的相互学习。知识型员工一般具有很强的成长需求，因此他们大都有强烈的求知欲望，在与诸多不同领域“专家”共同工作过程中，他们必然会积极向团队其他成员学习，从他们的身上发现对提升自身能力有利的因素，不断提高自己长期的工作能力。这种学习活动在客观上也提高了企业的人力资本存量，对企业的长期发展带来积极的回报。当然，这种交流不仅仅限于工作过程中，更多的是在工作之外进行。

第三，较高的工作效益。知识型员工一般都敢于接受新思想，富于创新精神，工作过程中能不断吸纳别人的有益见解，提高工作的质量和效率。在知识型员工团队中，通过成员之间的沟通与交流，往往能够激发新的思想，产生新的创意，从而不断改善工作方式，高效圆满地完成团队的任务，有时还能对企业的创新活动带来积极、深远的影响。

（资料来源：吉雷，丁悦悦. 知识型员工的团队建设. 中国人力资源开发. 2003/09）

（五）确定团队成员

根据以上分析与判断，在满足能力、角色及团队匹配条件的基础上，选定以下人员组成新产品开发团队。

表3–7　团队成员表

姓名	部门	特点
B	研发部	思维活跃，研发能力强，特别擅长于结构设计，年轻(35岁)。
D	研发部	具有较强的管理水平，且善于外观设计，但水平不是很高，具有较强的个人魅力，年富力强(40岁)。
E	研发部	研发能力突出，获得产品设计专利，擅长于电子电器方面的设计(42岁)。
J	生产厂	善于电子电器方面的设计，工艺技术革新及创新能力强(29岁)。
L	销售部	从技术、研发部门转入销售部门3年，熟悉创意与外观设计，比较熟悉市场及客户需求，年轻(36岁)。

三、确定团队成员角色与职责

当团队成员确定后，为确保团队取得成功，项目负责人必须清楚界定团队角色与工作责任。

表3-8　团队成员角色与职责表

序号	姓名	职　责	角　色
1	D	全面主持项目团队工作，协助创新与外观设计。	项目经理、开发人员
2	B	负责产品结构设计，协助市场调研。	开发人员、市场调研人员
3	E	负责部分电子电器方面的设计。	开发人员
4	J	负责部分电子电器方面的设计。	开发人员
5	L	负责创意与外观设计、负责市场调研。	开发人员、市场调研人员

知识摘要 4

知识型员工团队建设注意事项

尽管知识型员工组成的团队一般具有良好的工作效率，但也并非总是高效的，尤其是在配置不适当的时候。知识型员工团队的建设，一般说来，应注意以下几方面工作。

1. 合理选择团队成员的类型。知识型员工团队欲保持持续的高绩效，必须包括三种类型的成员：第一，具有完成工作任务所必需的技术专长的成员；第二，具有分析、决策技能的成员；第三，具有人际沟通技能的成员，这种成员善于倾听、反馈、解决冲突及其他人际关系问题。知识型员工往往人际沟通能力相对较弱，因此，在组建知识型员工团队时必须为其配备适当的人际协调员，建立良好的工作氛围，确保各成员的目标始终指向既定的工作任务。

2. 以“认领”的方式分配工作任务。为提高工作绩效，团队在分配任务时，必须以团队成员的人格特点和个人偏好为基础。对于知识型员工团队而言，由于团队组织者对团队成员的专业知识和能力情况不甚了解，只有团队成员自己知道自己的能力水平，因此，在知识型员工团队中由组织者指派工作任务的方式是不现实的，取而代之的是让团队中的每一位知识型员工自行“认领”一部分具体工作，以便充分发挥每一成员的专长。

3. 确保工作的自主与自愿。强烈的成就需要是知识型员工强大的行为内驱力，虽然成就需要的满足主要靠内在满足渠道，但是，其满足程度的大小却与对工作成果中个人贡献的体验息息相关。这要求管理者给作为团队成员的知识型员工以较大的工作自主权。围绕知识型员工对工作自主性的要求，现代企业更加重视发挥员工在工作中自主和创新方面的授权。同时，还应确保作为团队成员的知识型员工工作的自愿性，因为知识型员工在非自愿工作情况下所形成的消极作用不仅仅是工作的延误，更会对整个团队的工作氛围产生重大冲击。

4. 足够的人力资本投资支持。团队（尤其是自我管理型和多功能型团队）基本上是一个独立自主的工作单位，它同时承担了大量原来由管理者所承担的责任，包括人力资本投资。在一些长期性工作团队中，经常需要对团队成员补充某一方面的知识，企业应该给予足够的人力资本投资支持，确保团队成员的人力资本投资需要得到满足，以促成团队任务的及早完成。因此，组织中的培训部门应考虑到将团队作为相对独立的培训对象，根据其具体需要组织相应的培训。

5. 针对团队特点的考核和报酬系统。对于可能出现的“搭便车”问题，可以通过团队内部在日常工作中合作的同时进行监督，以消除或减少类似现象。企业在考核团队工作状况时就可以绕开个体针对性这一难题，着眼于整个团队的工作绩效评估。另外，辅之以工作任务的“认领”制度实行针对个人的目标管理，也可以在强调整体的同时兼顾个人的具体表现，双管齐下，构成支持团队工作方式的考核系统。

（资料来源：吉雷，丁悦悦. 知识型员工的团队建设. 中国人力资源开发. 2003/09）

四、团队行为规范设计

一个真正的团队需要明确集体责任，成员之间要高度依赖并共同承担相应的工作责任。为此，我们有必要制定一份团队行为准则来规范团队的工作方法及成员行为。项目团队的行为规范要遵循简单实用的原则进行制定，要重点规范团队成员必须遵守的内容。

（一）团队合作行为准则

1. 相互尊重。当遇到问题时，善待他人，不相互指责、不互相推脱。尊严和尊敬是我们团队交往的基础。

2. 相互了解各自的需要及工作间的相互影响。提倡相互之间保持更多的坦诚的交流，对团队成员的观点充分理解，经常关注自己的行为可能对他人造成什么样的影响。

3. 主动寻求和接受成员反馈以便改进。团队成员必须支持与促进协作，要始终共享知识和信息，帮助他人改进工作。

4. 信赖同伴、相信自己。在工作中既要保持自信，也要相信自己的同伴。

（二）团队工作行为准则

1. 工作责任。完成自己职责范围之内的工作，就是做好分配给你的工作，对自己所做的工作负责到底。

2. 计划意识。工作尽可能先计划，再实施，在实施中调整计划，依照计划实施。

3. 积极主动。发现项目中的问题时，主动提醒相关责任人并提出自己的解决建议，在自己能力允许范围内，尽可能地多为项目做贡献。

4. 团队协作。乐于帮助其他团队成员，帮别人就是帮自己。

5. 持续改进。出现问题的时候要思考如何解决，如何避免下次再次发生，要自觉去发掘深层次的原因并坚持持续改进。

6. 客户意识。每个人都有责任为提高客户的满意度而努力。

7. 工作效率。工作尽可能提早完成，赶早不赶晚。

8. 工作记录。做的任何工作都需要留下记录，没有痕迹的工作不是工作。

9. 及时决策，迅速解决问题。面对决策应该果断决策，不要犹豫不决。

10. 快速行动。现在就干，马上行动。一个行动胜过一打计划。

（三）团队工作会议准则

1. 基本纪律

（1）准时参加会议；

（2）倾听并尊重他人的观点；

（3）不要打断别人的发言；

（4）不要私下讨论。

2. 解决问题与制定决策

（1）从立足于解决问题的专业角度作出决策，不求全责备；

（2）尽可能及时地作出决策；

（3）综合考虑具体情况、经验及判断作出决策；

（4）团队制定的决策应尽可能达成共识。

3. 责任

（1）团队成员要参加所有的团队会议，不能参加时成员需要提前请假；

（2）团队成员必须按通知要求参加会议，并根据相关的议程安排做必要的会议准备，需要提交的材料应及时上交；

（3）全体成员共担责任，而不是相互指责、推诿；

（4）团队负责人对自己及他人高度负责。

4. 冲突解决方法

（1）团队讨论要对事不对人，当冲突发生时，不要退缩；

（2）团队讨论时要紧密围绕主题展开，而不是泛泛而谈，一带而过；

（3）认真倾听并理解他人的观点，再提出自己的看法；

（4）如果会议期间不能解决冲突，那么会后解决；解决的结果按要求公布给团队成员。

5. 领导的责任

（1）保证会议顺利开展并遵守会议的议事日程；

（2）确保与会者有充分的准备并突出会议主题；

（3）提高会议效率和效果。

● 学习案例

华为“铁三角”销售团队

第一个是客户经理，或者叫作销售经理，主要负责客户关系、业务需求管理、商务谈判、合同签订与回款。一个真正优秀的客户经理，应该将80%的时间花在客户身上，要保持与客户的密切接触和联系，甚至可以直接在客户那里上班，时刻了解客户的需求，而不是深居总部办公室，给客户打打电话就算完成任务。在“铁三角”销售体系中，对客户经理的要求是每天都在客户身边出没，时刻关注是否有新的机会出现。

对客户经理而言，在销售一个产品前，需要了解客户的现状和面临的问题，从中找到机会，只要你认定客户有需求，而且这个需求是真实的，坚信能用自己的产品和服务为客户创造价值，就应该从客户角度出发，充分为客户着想，取得客户的理解和信任。

第二个是方案经理，主要负责产品需求管理、产品与方案设计、报价与投标、技术问题解决。在“铁三角”销售体系中，方案经理是一个十分重要的角色，他绝不是客户经理的简单辅助，而是作为一个项目的战略分析者和策划者，负责分析市场和客户的方方面面，融合各方面的资源，以求最大概率获得项目成功。

方案经理最核心的角色定位，是产品格局的构造者、品牌的传播者以及盈利的守护者。其中，最关键的三个核心点是：营、赢、盈。

第三个是交付经理，主要负责从订单、制造、物流、安装到交付验收的项目管理。在“铁三角”销售体系中，华为要求交付经理一改以往的弱势形象，全程参与项目从立项到合同签订的过程，全面了解项目的前因后果，并且发表自己的专业意见。

客户经理、方案经理和交付经理，三个角色共同构筑了一个三角形的攻坚团队，彼此支持、密切配合，通过极其迅速的响应机制，能够在最短时间内，端到端及时响应客户需求，为客户提供全面的解决方案，将销售工作最需要的进攻性与协同性融于一体。

（资源来源：范厚华.华为铁三角工作法.北京：中信出版社）

任务四
市场营销计划的制订

我们正处在一个经济、政治、技术、社会变革与发展的时代。在这个时代里，变革与发展既给人们带来了机遇，也给人们带来了风险，特别是在争夺市场、资源、势力范围的竞争中更是如此。如果管理者在看准机遇和利用机遇的同时，又能最大限度地减少风险，即在朝着目标前进的道路上架设一座便捷而稳固的桥梁，那么，组织就能立于不败之地，在机遇与风险的纵横选择中，得到生存与发展；如果计划不周，或根本没计划，那就会遭遇灾难性的后果。企业在经营管理过程中需要做各种不同类型的计划，如研发计划、生产计划、市场营销计划、物资采购计划、人力资源计划、财务计划等等。伴随着社会的快速发展，市场经济也在不断发生变化，优胜劣汰是所有企业面对的最现实的问题。新时代的市场环境下，企业如何才能长盛不衰，如何在多变的市场环境下找到并占领自己的一席之地，市场营销计划对企业来说至关重要，它既是企业经营管理的基础，又是企业经营管理最基本的职能，只有制订好企业的市场营销计划，才能实现企业的生产经营目的。

● 背景材料

随着家电行业竞争的日益白热化，企业要想在市场上保持竞争优势，只有不断创新，开发新产品，才能巩固市场，不断提高企业的市场竞争力，保持市场可持续发展。然而企业如果要成功地将投入了大量的人力、物力、财力研发的适合市场的新产品推销出去，让消费者了解、关注、喜爱、购买自己的产品，打造出自己的品牌，打入主流市场，占有一定的市场份额，实现预期目标，则必须要做一个详细周密的市场营销计划，确保产品市场推广的顺利展开。目前公司已经研发并生产了三大系列新型空气净化器，其一是吊顶悬挂式消烟器，主要适用于棋牌室、KTV包厢等重污染封闭场所，该产品能快速去除烟雾，消除烟味，防止二手烟危害，抑制室内有害细菌病毒，去除室内异味、臭味，采取大风量多遍循环过滤空气，既省电节能又清新空气。第二种是微型空气净化器，主要适用于卫生间、汽车、书房、电脑桌、婴儿房、宾馆等小空间场所。该产品由纯植物精华挥发杀菌，能有效清除卫生间、车内异味、臭味，改善室内环境，沉降烟雾，中和尼古丁，清除二手烟危害，预防汽车尾气污染，清新空气。第三种是装修污染克星，其主要适用于新装修的房屋，该产品采取四重净化功能：第1重：初滤网——过滤掉大颗粒尘埃、皮屑、毛发等。第2重：HEPA 滤网——过滤细微的尘埃和烟雾等。第3重：室内甲醛、苯定向吸附材料——选择性大容量吸附甲醛、苯等有毒有害物质。第4重：室内病毒致病菌克星——挥发杀菌因子，充满室内空间，广谱杀菌除味。现公司打算将这三大系列的新产品在东部地区先投入市场，然后在全国范围内进行推广。

● 任务要求

编制公司市场营销计划，为产品推广及销售提供一个较为详细的规划和安排。

● 解决方案

一、总体设计思路

为了能将公司研发的新产品尽快打入市场，创出自己的品牌，占有一定市场份额，我们需要经过细致周密的计划与安排，编制一个新产品市场营销计划。通常情况下，我们需经过以下步骤以及采取以下方法才能做好新产品营销。

表4–1　总体设计思路表

步骤		具体内容	具体方法
市场环境分析	1. 市场形势分析	空气净化器主流品牌的市场份额	调查分析法
	2. 产品形势分析	市场上空气净化器的产品类型、产品需求情况、产品价格等	
	3. 竞争形势分析	主要竞争对手的分析比较	
	4. 分销形势分析	空气净化器的分销渠道	
确定推广目标	1. 未来三年新产品营销目标	品牌目标、市场份额目标、销售额目标等	滚动计划法、德尔菲法
	2. 本年度新产品营销目标	品牌目标、市场份额目标、销售额目标等	
公司营销策略选择	1. 营销策略确定的条件分析	分析公司外部机会与威胁和内部优势与劣势	SWOT分析法
	2. 营销策略比较分析	三种营销策略比较，为选择合适的营销策略提供依据	——
	3. 营销策略选择	通过分析，提出营销策略方案，并选择合适的营销策略	德尔菲法
差异化营销策略	1. 产品策略	差异化产品策略	营销5P策略
	2. 服务策略	体验式营销	
	3. 价格策略	差异化定价策略	
	4. 渠道策略	多元化渠道策略	
	5. 促销策略	多样化促销策略	

（续表）

<table>
<tr><td rowspan="7">拟定行动方案</td><td>1. 总体推广活动安排</td><td>制订新产品推广计划安排表</td><td rowspan="8">计划书的撰写</td></tr>
<tr><td rowspan="5">2. 分项推广计划安排</td><td>制订促销活动计划安排表</td></tr>
<tr><td>制订广告宣传计划安排表</td></tr>
<tr><td>制订网络营销计划安排表</td></tr>
<tr><td>制订体验式营销计划安排表</td></tr>
<tr><td>制订展会营销计划安排表</td></tr>
<tr><td>3. 具体推广活动方案</td><td>编写参展方案</td></tr>
<tr><td>编制预算</td><td>新产品推广预算</td><td>编制预算表</td><td>弹性预算法</td></tr>
</table>

知识摘要 1

计划工作的程序

任何计划工作的程序，即工作步骤都是相似的，依次包括以下内容：估量机会；制定目标；确定计划工作的前提条件；拟订可供选择的方案；评价各种备选方案；选择方案；制订辅助计划；通过预算使计划数字化。如图4-1所示。

（一）估量机会。对机会的估量，要在实际的计划工作开始之前就着手进行，它虽然不是计划的一个组成部分，但却是计划工作的一个真正起点。

（二）确定目标。在估量机会的基础上，为组织及其所属的下级单位确定计划工作的目标。

（三）确定前提条件。所谓计划工作的前提条件就是计划工作的假设条件，换言之，即计划实施时的预期环境。负责计划工作的人员对计划前提了解得愈细愈透彻，并能始终如一地运用它，则计划工作也将做得更好。

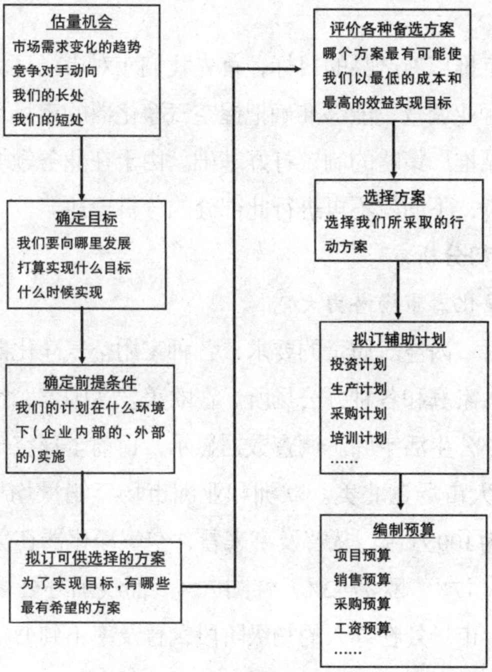

图4-1 计划工作的程序

（四）拟订可供选择的方案。编制计划的第四个步骤是寻求、拟订可行的行动方案。

（五）评价各种备选方案。计划工作的第五步是按照前提条件和目标来权衡各种因素，比较各个方案的利弊，对各个方案进行评价。

（六）选择方案。这是在前五步工作基础上作出的关键一步，也是决策的实质性阶段——抉择阶段。

（七）拟订辅助计划。辅助计划就是总计划下的分计划。总计划要靠辅助计划来保证，辅助计划是总计划的基础。

（八）编制预算。计划工作的最后一步是把计划转化为预算，使之数字化。预算实质上是资源的分配计划。

二、市场环境分析

为了科学制定推广新产品的目标，首先我们应对市场环境进行分析。我们通过市场调查、行业调查，能够准确把握空气净化器的市场环境，为产品推广目标的确定、产品推广策略的制定打好基础。由于在业务领域决策分析中已进行了宏观环境分析，下面就不再进行此部分的分析论述。

（一）市场形势分析

1. 中国空气净化器市场潜力大

为满足人们对室内空气质量的要求，各种家用空气净化器应运而生。空气净化器正逐渐走入家庭和各种办公场所。在欧美发达国家，空气净化产品已经普遍用于家居、办公生活空间。调查数据显示，目前全球空气净化器年销量超过1000万台，最大市场在北美。欧洲和亚洲市场年销量均超过300万台，其中，中国市场约为100万台。从普及率来看，空气净化器在美国家庭的普及率达27%，在日本为17%，欧洲42%，韩国70%。而我国办公场所和城市家庭的使用才刚刚起步，市场处在导入的初级阶段，普及率不到1%。

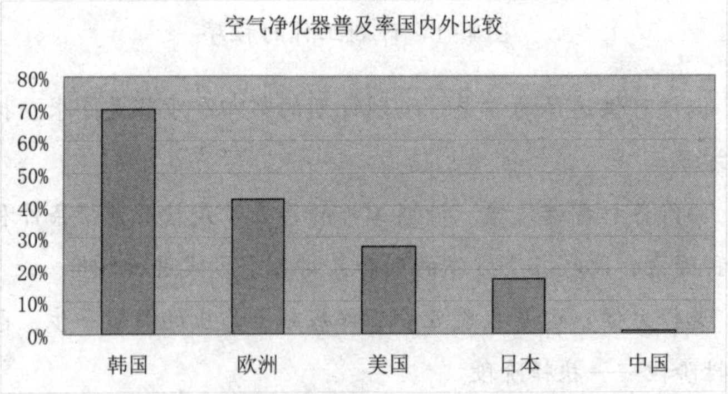

图4-2 空气净化器普及率对比表

空气净化器行业在中国是朝阳产业，潜力巨大。随着中国人环保意识的增强，装修污染问题受到很多人重视，国内空气净化器市场快速增长。根据相关数据显示，“十一五”期间，中国室内环保产业平均利润率达到28%，空气净化器销售额正以每年27%的速度增长。由此看来，空气净化器在中国还有很大的发展空间。

2. 空气净化器市场增长迅速

中怡康调查显示，2012年我国家电产品零售总额较上年同期下滑4.8%，但空气净化器却实现了逆市增长，零售额同比增幅达到23.6%，市场规模更是超过了27亿元。

数据调研公司佰世越BSRIA的统计数据显示，中国家用空气净化器的市场销量从2006年的50万台增长到2011年的194万台，年增幅均超过20%。2012年，市场销量达到近300万台，同比增幅超50%。而中怡康测算数据也显示，我国2013年的空气净化器的产品规模将达到50亿元，同比增速约85%。

专家表示，空气净化器是一类新的家用电器，目前在中国有很大的市场。当下中国由于装饰装修和家具造成的家居污染问题在一段时间内会长期存在，另外，大气环境中的PM2.5污染问题，以及室内一旦出现吸烟、通风状况较差、做饭产生油烟的情况时，都很容易造成室内PM2.5升高的问题，这些都会导致对空气净化器的巨大市场需求。

（二）产品形势分析

1. 产品种类繁多

目前市场上，空气净化器类型较多，由于产品使用材料和技术的不同，也导致了空气净化器产品的分类不尽相同。

按照去污功能划分，可分为：物理型、化学型、离子化型。物理型是通过过滤除去悬浮颗粒物；化学型则是利用中和、催化和分解作用除去有害气体；离子化型是采用电量放电、等离子体和紫外线除臭、除菌。

由于各种空气净化器利用的净化原理有差异，必然造成其在净化过程中的差异，按照净化原理分为：过滤式、吸附式、络合式、化学催化式、光催化式、静电式、负离子式、等离子式以及复合式。

2. 除甲醛产品成主流

目前，甲醛污染是国内最主要的污染问题，80%消费者购买空气净化器是为了解决甲醛污染问题。开展无甲醛和低甲醛技术研发是国内行业发展的重点。2010年，国家质量监督检验检疫总局在全国开展了“清新居室”活动。2010年底监测数据显示，甲醛污染在2009年超标60%的基础上又上升了6个百分点。甲醛容易导致人呼吸道和肺部产生癌变，甚至引起脑肿瘤、胎儿畸形和白血病等疾病，所以随着人们对居住环境要求的提高，除甲醛产品将成为空气净化器未来发展的主流方向。

3. 产品价格相差悬殊

中关村在线发布的《2012年10月中国空气净化器市场分析报告》显示，目前市场上受人关注的10款产品的价格从699元至5200元不等，相差悬殊。

表4-2 中国空气净化器市场最受关注的十款产品及主要参数

序号	产品名称	功率(W)	价格
1	松下 F-PDF35C	74	￥699
2	飞利浦 AC4076	47	￥3,590
3	亚都 KJF2202T	40	￥1,520
4	飞利浦 AC4074	47	￥3,355
5	亚都 KJF2901	53	￥2,538
6	飞利浦 AC4025/00	30	￥987
7	夏普 KC-W200SW	25	￥2,998
8	飞利浦 AC4072	47	￥2,966
9	松下 F-VXG35C-S	-	￥1,999
10	夏普 KC-W280SW	-	￥5,200

从用户对不同价格产品的关注情况来看，在最受关注的十款产品中，平均产品售价为2558元。其中，夏普 KC-W280SW售价相对最高，达到5200元，松下 F-PDF35C相对最低，为699元。

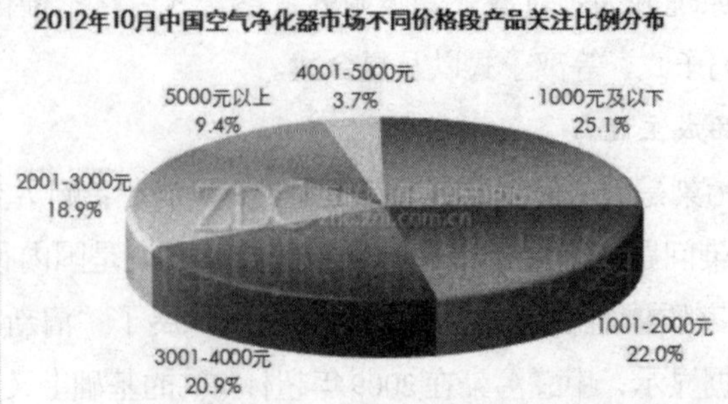

图4-3 中国空气净化器市场不同价格段产品关注比例分布

从用户对不同价格产品的关注情况来看，千元以下的产品与产品关注榜雷同，仍排位第一，且吸引了25.1%的用户关注。此外，关注份额在两成以上的价格段还有1001~2000元与3001~4000元产品。而4000元以上价位的产品合计关注比例仅达到13.1%。

从产品形势分析来看，使用空气净化器净化室内空气是人们公认的改善室内空气质量的方法。经过这么多年的发展，空气净化器在产品性能方面也有了很大的改进及提升，市面上已推出了很多不同品种的产品类型，但从目前形势来看，除甲醛产品将成为空气净化器未来发展的趋势；从价格来看，绝大多数消费者对中低端的产品比较青睐。

（三）竞争形势分析

国内市场空气净化器品牌众多，包括欧美、日韩、国产品牌。经过近几年的市场培育，国内空气净化器市场品牌格局已经基本形成，主要分为三类。第一类为外资品牌，主要包括飞利浦、松下、夏普、大金、LG等，这部分企业具有较强的规模、技术、研发和品牌优势；第二类是规模、实力较强的国产空气净化器品牌，主要包括亚都、美的、格力、康佳等，这类企业部分空气净化器产品已达到国际领先水平；第三类是数量较多的规模较小的空气净化器企业，这部分企业以生产中低端产品为主，质量参差不齐，主要依靠低价获取市场占有率，竞争力较弱。

在巨大的市场前景刺激下，越来越多的品牌将进入空气净化器市场。目前，我国空气净化器主流品牌产品型号已经达到了150多个。从目前市场份额来看，空气净化器的前五位企业占据了较大的市场份额，我们主要就目前市场的主要五大竞争对手来进行比较分析，如表4-3所示：

表4-3 竞争形势分析表

品牌	公司名称	产品系列	产品组合	价格区间	营销战略
亚都	北京亚都室内环保科技有限公司	PM净化卫士系列、装修卫士系列、净化加湿系列、360净化系列	24款	200~5000元	奥运营销：亚都净化水立方空气启动奥运营销

(续表)

飞利浦	飞利浦(中国)投资有限公司	健康新居系列起居系列、带加湿功能以及卧室系列	14款	200~5000元	一对一营销：飞利浦针对不同消费者提供独特并且创新的空气净化解决方案，帮助消费者畅享健康舒适空气
松下	广东松下环境系统有限公司	净润系列、净彩系列、净享系列	8款	900~4600元	公关营销：松下空气净化获环保业“2011年中国市场空气净化器最具影响力品牌”、“2012年中国市场空气净化器最具发展优势品牌”和“2012中国除菌净化器市场主力品牌”三项嘉奖
夏普	夏普商贸(中国)有限公司	FU系列–纯净化空气净化器、KC系列–加湿(智能)空气净化器、IGB–车载型抗菌美肤空气净化器、IGA系列–桌面型抗菌美肤空气净化器和大型抗菌美肤空气净化器	14款	100~7500	差异化营销：夏普以“差异化”的战略发力中国家电市场，其独自开发的“净离子群”空气净化器进入国内市场
美的	美的集团有限公司	杀菌型、除烟型、除甲醛型	17款	600~3100元	体育营销：美的借体育营销切入空气净化行业

从以上对比分析来看，目前市场五大品牌都有三至四大产品系列，产品组合较多，产品类型很丰富；从定价方面看，这五大品牌基本全价位覆盖，产品价格跨度比较大，尤其是夏普和亚都，为消费者提供了各种价格水平的产品；从营销战略来看，各大品牌都采取了独特的营销策略，通过创新营销模式来抢占市场和扩大品牌影响力。

（四）分销形势分析

目前，我国空气净化器的主要销售渠道包括百货商场、家电连锁卖场、大型超市、家居产品店及电子商务等多种渠道。随着传统家电卖场转型提速及网络消费群体人数激增，电子商务正成为空气净化器普及的重要推手。空气净化器之所以在线上渠道销售发展较快，与目标群体的消费习惯有很大关系。空气净化器的消费群体主要有两类，一是对生活品质要求较高的精英人士，他们工作繁忙，购买个性化产品时更倾向于便捷的网络渠道；二是80、90后的适婚群体，他们在装修后需净化室内空气，也是目前网络购物的主要群体。与此同时，与空调、冰箱等其他大型家电相比，空气净化器体积小且不需要安装，即买即用的特性更适合线上渠道销售。

三、确定市场营销目标

计划的第二个步骤就是确定营销目标，为今后的营销工作指明方向，明确所要做的工作有哪些，重点在哪里。

结合目前国内空气净化器市场环境的基本情况，公司聘请多位专家采用德尔菲法，经过多轮的专家讨论，最终确定了公司空气净化器市场推广的未来三年营销目标和年度营销目标。

（一）未来三年营销目标

- 挤入国内空气净化器前十大品牌；
- 2015年销售额达到3亿；
- 2015年占据全国5%左右的市场份额。

（二）年度营销目标

- 2013年在东部地区拥有10%消费者群体；

- 成为东部地区知名品牌；
- 2013年销售额达到5000万。

知识摘要 2

滚动计划法

滚动计划（也称滑动计划）是一种动态编制计划的方法。滚动计划法是按照“近细远粗”的原则制订一定时期内的计划，然后按照计划的执行情况和环境变化，调整和修订未来的计划，并逐期向后移动，把短期计划和中期计划结合起来的一种计划方法。

1. 制定流程

滚动计划法根据一定时期计划的执行情况，考虑企业内外环境条件的变化，调整和修订计划，并相应地将计划期顺延一个时期，把近期计划和长期计划结合起来编制计划。在计划编制过程中，尤其是编制长期计划时，为了能准确地预测影响计划执行的各种因素，可以采取近细远粗的办法，近期计划订得较细、较具体，远期计划订得较粗、较概略。在一个计划期终了时，根据上期计划执行的结果和产生条件、市场需求的变化，对原订计划进行必要的调整和修订，并将计划期顺序向前推进一期，如此不断滚动、不断延伸。

2. 注意事项

需要指出的是，滚动间隔期的选择，要适应企业的具体情况，如果滚动间隔期偏短，则计划调整较频繁，好处是有利于计划符合实际，缺点是降低了计划的严肃性。采用滚动计划法，可以根据环境条件变化和实际完成情况，定期地对计划进行修订，使组织始终有一个较为切合实际的长期计划作指导，并使长期计划能够始终与短期计划紧密地衔接在一起。

知识摘要 3

计划目标的分类

计划目标是企业预定的在计划期内生产经营活动的结果，它应在分析企业外部和内部情况的基础上确定。各种情况与计划目标具体内容的关系是错综复杂的，往往某个情况对计划目标中的一个或几个具体内容有利，而对另一个或几个具体内容不利；也可能某个情况对某个具体内容适合，却受到另一个情况的限制。因此，对各种情况都要进行全面的分析和衡量，权衡利弊得失，避免顾此失彼，然后再确定计划目标。通常，计划目标有以下四类。

1. 贡献的目标

贡献目标即对社会贡献的大小。贡献的目标可用产品品种、质量、数量、上缴税金和利润等表示。

2. 市场的目标

企业生产经营活动有无活力，就要看它占有市场的深度和广度，即市场面和市场占有份额的大小。企业的市场目标应是通过扩大市场范围和提高市场占有率，增加销售额。

3. 发展的目标

企业为了对社会做出更大的贡献，为企业和职工谋求更多的利益，必须不断发展自己。通过企业改造和更新设备，扩大再生产，也可以通过联合的办法来壮大自己。

4. 利益的目标

利益目标是企业生产经营活动的内在动力，不仅关系到企业职工的利益，而且也关系到企业自身的发展。因此，企业应争取扩大经济效益，增加赢利，提高赢利水平。

四、公司营销策略选择

在明确了新产品推广目标之后，我们要确定计划的前提条件，也就是要对组织未来的内外部环境和所具备的条件进行分析和预测，弄清计划执行过程中可能存在的有利条件和不利条件。通过各种条件的分析，着手去寻找实现目标的方案和途径，然后就各种营销策略进行比较，最后选择合适的营销策略。

（一）企业内外部条件分析

1. 外部机会与威胁分析

表4–4　外部条件分析

外部机会与威胁分析	
外部机会	1. 政府对环保事业的大力支持：中国政府对环保行业的支持力度越来越大，相关的支持政策和规范出台，行业越来越规范，政府的推广力度加大。 2. 国内环境污染严重：中国这几年空气污染非常严重，带给人们很多该方面的疾病，越来越多的人开始注意空气质量，市场慢慢进入成长期。 3. 行业内没有寡头存在：空气净化器在国内市场虽然品牌林立，但没有哪一家占绝对统治地位，对每个新进入该领域的公司都有很好的机会。 4. 空气净化理念深入人心：随着人们收入水平的不断提高，消费理念的变更，空气净化器也逐步进入快速增长期，人们对空气净化的理念有了深入的思考与认识，这些已经为本产品进入市场奠定了理念基础。 5. 目前市场上的产品类型不齐全，还有空白的细分市场，为我们新产品的推出提供了机会。
外部威胁	1. 行业准入门槛越来越高：从国内空气净化器的行业发展来看，行业的标准越来越规范和细化，对新进入的企业设置了更高的门槛。 2. 市场竞争加大：一方面，国内一些大的家电品牌也开始推出自己的空气净化产品，借助品牌和资金优势推广力度不断加大；另一方面，国外一些大的外资品牌开始慢慢加大对国内市场的营销，包括在价格上的重新定位，针对中低端市场产品的推出。 3. 替代品的竞争较大：相关的替代性产品慢慢出现，比如一些空调产品慢慢都带有空气净化功能。

2. 内部优势劣势分析

表4–5 内部条件分析

内部优势与劣势分析	
企业优势	1. 技术优势：公司有一支实力较强的研发队伍，且一直从事空调的研发与生产，对空气净化器的研发与生产有较强的技术优势。 2. 渠道优势：公司有现成销售渠道网络和成熟的销售模式。 3. 售后优势：经过多年经营，公司有一个较为稳定和成本较低的售后服务体系。
企业劣势	1. 品牌知名度较低：公司的产品进入市场较之亚都、飞利浦、美的、松下等同类空气净化器相对较晚，并且公司产品的品牌在东部市场的知名度也相对较低。 2. 产品单一：公司刚刚进入到这一行业，由于研发及生产还跟不上，没有全系列的产品线，产品相对单一。

（二）营销策略比较

表4–6 三种营销策略比较分析

营销策略	选择依据	优点	缺点
无差异化营销	1. 差异性小。企业在对整体市场进行细分后，发现各子市场之间的相似性超过了差异化，各子市场的差异较小，此时，在不同的市场才采用不同的措施没有多大的实际意义，反而会造成资源浪费。	成本低： 1. 单一产品线可减少生产、存货和运输成本； 2. 无差异的广告计划能使企业经由大量使用而获得媒体的价格折扣；	这种策略可能引起激烈的竞争。实行无差异化营销的直销商一般针对整体市场，当同行中有许多人如法炮制之后，可能发生大市场内竞争过度，而小市场却乏人问津的情况。

（续表）

	2. 同质产品。企业所经营的产品，客观上具有纯粹的市场同质性，市场对产品的要求是一样的或者是非常接近的，所以，只能采取无差异化的营销措施。 3. 成本较低。企业通过评估各细分子市场，发现整合营销比有针对性的营销所需的成本明显较低时就应该进行无差异化营销。	3. 不必进行市场细分化所需的营销研究与规划，可降低营销研究的成本与管理费用。	
差异化营销	市场消费需求的多样化特性。不同的消费者具有不同的爱好、不同的个性、不同的价值取向、不同的收入水平和不同的消费理念等，从而决定了他们对产品品牌有不同的需求侧重，这就是为什么需要进行差异化营销的原因。	1. 使顾客的不同需求得到更好的满足，也使每个子市场的销售潜力得到最大限度的挖掘，从而有利于扩大企业的市场占有率； 2. 大大降低了经营风险，一个子市场的失败，不会导致整个企业陷入困境； 3. 大大提高了企业的竞争能力，企业树立的几个品牌，可以大大提高消费者对企业产品的信赖感和购买率。	营销成本过高：生产一般为小批量，使单位产品的成本相对上升，不具经济性。另外，市场调研、销售分析、促销计划、渠道建立、广告宣传、物流配送等许多方面的成本都无疑会大幅度地增加。

(续表)

集中营销	1. 该市场的需求与企业的特长及目标相吻合，以便企业在未来的竞争角逐中能处于有利地位； 2. 该市场应具有一定的规模和发展潜力，给企业的入主留有一定的上升空间； 3. 该市场的现有市场结构具备长期的内在吸引力，为企业的赢利提供充分的前提条件； 4. 目标市场能进一步促进企业新老产品的更替，实现企业扩大销售量和提高市场占有率的目的。	针对资源有限的企业，可以集中力量迅速进入和占领某一特定细分市场。生产和营销的集中性，使企业经营成本降低。	风险较大：如果目标市场突然变化，如价格猛跌或突然出现强有力的竞争者，企业就可能陷入困境。

（三）营销策略选择

根据公司空气净化器内外部条件分析：公司具备先进的技术优势，拥有高质量的产品以及成熟的销售渠道和售后服务体系，从市场环境来看，还有较为广阔的市场细分空间，但外面存在较强的替代品的竞争、家电品牌以及外来品牌的竞争。根据三种营销策略的比较分析，并结合公司的特点，我们可以在市场细分的基础上，针对目标市场的个性化需求，通过品牌定位与传播，赋予品牌独特的价值，树立自己的品牌形象，建立品牌的差异化和个性化核心竞争优势。我们应充分利用新产品的技术优势，使顾客的不同需求得到更好的满足，也使每个子市场的销售潜力得到最大限度的挖掘，从而扩大企业的市场占有率。这样可以尽可能地降低我们的经营风险，提高企业的竞争能力，树立起企业的品牌，提高消费者对企业产品的信赖感和购买率。因此，我们选择差异化营销策略，通过产品的差异化、服务的差异化、渠道的多元化、促销的多样化等推广策略，避开大企业的锋面，寻找自己的蓝海市场。

知识摘要 4

计划过程中注意事项

1. 拟订各种可行性计划方案时应注意：

拟订可行性计划要求拟订尽可能多的计划。可供选择的行动计划数量越多，被选计划的相对满意程度就越高，行动就越有效。因此，在可行的行动计划拟订阶段，要发扬民主，广泛发动群众，充分利用组织内外的专家，通过他们献计献策，产生尽可能多的行动计划。企业应拟订各种实现计划目标的方案，以便寻求实现目标的最佳计划方案。拟订各种可行的计划方案，一方面要依赖过去的经验，已经成功的或失败的经验对于拟订可行的计划方案都有借鉴作用；另一方面，也是更重要的方面，就是依赖于创新。因为，企业内、外部情况的迅速发展变化，使昨天的方案不一定适应今天的要求，所以，计划方案还必须创新。

2. 对各种可行性方案进行评估时应注意：

评价行动计划，要注意考虑以下几点：

①认真考察每一个计划的制约因素和隐患。

②要用总体的效益观点来衡量计划。

③既要考虑到每一计划的许多有形的可以用数量表示出来的因素，又要考虑到许多无形的不能用数量表示出来的因素。

④要动态地考察计划的效果，不仅要考虑计划执行所带来的利益，还要考虑计划执行所带来的损失，特别注意那些潜在的、间接的损失。评价方法分为定性和定量两类。

⑤按一定的原则选择出一个或几个较优计划。

3. 选择计划方案时应注意：

从众多的可行性方案中选择最优方案，要充分比较各个方案的优缺点。选择方案的标准，主要是看哪一个方案最接近许可的条件和计划目标的要求，风险最小。在比较各方案的时候，如果必须考虑的条件不多且较肯定，那么，这种方案的比较就容易一些，可以利用数学方法帮助确定最优方案。如果需要考虑的因素较多，而其中又包括一系列不确定的因素，方案的比较就困难一些；这时，就主要依靠决策人员的经验、实验和研究分析进行比较。

五、差异化市场营销策略

经过前期的调研和各种条件具体分析之后，公司明确了推广目标及差异化的营销策略，那么应该如何来实施，怎样来实现呢？我们主要从产品差异化、服务差异化、差别定价、渠道多元化、促销多样化等五个方面来实施。

（一）产品差异化策略

产品差异化要求产品在质量、性能上明显优于同类产品的生产厂家，从而形成独自的市场。对于同一行业的竞争对手来说，产品的核心价值是基本相同的，所不同的是在性能和质量上。在满足顾客基本需要的情况下，为顾客提供独特的产品是差异化策略追求的目标。因此我们根据消费者不同需求，针对细分市场的特点，采取产品差异化策略。

1. “绿色空间”系列

新产品中的吊顶悬挂式消烟器，能够快速去除烟雾，消除烟味，防止二手烟危害，抑制室内有害细菌病毒，去除室内异味、臭味，大风量多遍循环过滤空气，且省电节能，非常适合办公楼、KTV、酒吧、舞厅、茶馆等人员密集、环境封闭的公共场所使用。我们将以“绿色办公、绿色娱乐、绿色休闲”为主题来推动我们此款产品的营销。

2. “微型净享”系列

我国已经进入了老龄化社会，老年人数量在近年来急剧增多，而老年人中有呼吸道疾病的比较多，引起老年人呼吸道疾病的罪魁祸首就是空气质量问题。从目前市场来看，专门为老年人设计并研发的空气净化器并不多，因此我们公司推出的微型空气净化器，操作方便，体积较小，能有效改善室内空气循环并有助于改善睡眠，非常符合老年人的需求。因此，我们将微型空气净化器定位为送给父母、长辈的礼物，以“孝心、孝道、孝行”的宣传来推动我们此款产品的营销。

3. “甲醛克星”系列

孩子是国家的希望，民族的未来，是每个父母的宝贝和骄傲，孩子的健康成长也成为每位家长和国家的重点关注。“一切为了孩子，为了孩子的一切”，以此为口号，我们向年轻爸爸妈妈们推广我们的“甲醛克星”，为孩子们扫除甲醛，还孩子们洁净空气。

(二) 服务差异化策略

服务差异化要求企业向目标市场提供与竞争者不同的优异服务。尤其是在难以突出有形产品的差别时，竞争成功的关键常常取决于服务的数量与质量。售前售后服务差异就成了对手之间的竞争利器。因此，我们通过采取服务的差异化策略以赢得消费者的青睐，并以此来树立和打造自己的空气净化器品牌。

1. 强化公司售后服务体系的构建

公司应该设立专门的组织机构，选派业务素质高、责任心强的人员负责服务管理，实施定人、定责、定任务、定范围的岗位责任制管理；实现服务的标准化、规范化：建立定期巡回制度、质量跟踪制度、定期座谈会制度、来访接待制度、零配件供应制度、“包退、包换、包修”制度、销售档案制度；作业标准化：根据产品技术经济性能制定明确的作业标准规程，如维护保养规程、重要零部件更换规程等。

2. 采取体验式营销

体验式营销是指在销售当中，让客户参与其中，亲身体验产品的功能性，在不同产品的对比下，体现销售产品的优点，从而进行一系列产品销售的行为。客观来讲，空气净化器是难以在短时间内让消费者客观地感受到产品效果的，洁净空气带给我们的舒适生活感受是需要一定时间才可以体会到的，但是在体验中心我们可以装置专业的仪器设备让消费者感受到产品的效果。在体验厅中安置一台显示空气污染指数的显示表，用户进入到体验厅以后，可以看到目前的空气污染指数是多少，工作人员打开空气净化器以后污染指数会产生变化。销售人员可以告诉消费者，现在空气污染指数从40降到20，您有什么感觉？降到10了，您有什么感觉？通过这种体验式营销，让消费者全方面了解产品的功能，切实感受到产品的效用。

（三）差别定价策略

差别定价是为了满足不同消费群体的价格需求，要求企业在产品定价时应考虑产品的档次与价格梯度，既有高消费群体所热衷的高端产品，也有中产阶级所喜爱的中档价位产品，还有工薪阶层所能接受的价格较为适中的低端产品。基于三类新产品的性能、成本分析、功能定位、消费对象等各方面因素的综合考虑，公司对三大系列产品采取差别定价。

1. 装修污染克星

该系列产品具有四重净化功能：第 1 重：初滤网——过滤掉大颗粒尘埃、皮屑、毛发等大颗粒物；第 2 重：HEPA 滤网——过滤细微的尘埃和烟雾等；第 3 重：室内甲醛、苯定向吸附材料——选择性大容量吸附甲醛、苯等有毒有害物质；第 4 重：室内病毒致病菌克星——挥发杀菌因子，充满室内空间，广谱杀菌除味。该系列产品定价范围在2000元到4000元之间，是公司的拳头产品，用来树立公司品牌形象。

2. 微型空气净化器

该系列产品在15平方米空间内10分钟能迅速释放负氧离子并快速地净化空气，提高空气质量。除了能迅速释放负氧离子和净化空气外，配合使用公司的一种植物精油，能使失眠人士迅速放松神经，消除疲劳，很快进入睡眠状态，有效解决因睡眠问题引起的身体问题。系列产品定价范围在1000元到2500元之间，产品性价比非常高，是公司用来打开市场的杀手锏产品，能迅速树立公司产品良好的口碑。

3. 吊顶悬挂式消烟器

该系列产品是一款大功率的产品，能够快速去除烟雾，消除烟味，防止二手烟危害，抑制室内有害细菌病毒产生，去除室内异味、臭味，大风量多遍循环过滤空气，省电节能，清新空气，提神醒脑，提高环境品位，适用于大型的娱乐场所。该系列产品定价范围在5000元到10000元之间，是公司的另一系列拳头产品，是大功率产品系列中的重要产品。

（四）渠道多元化策略

随着市场发展进入新阶段，企业的营销渠道不断发生新的变革，旧的渠道模式已不能完全适应形势的变化，互联网络高速发展的今天，基于网络营销和传统营销相结合的多元化渠道模式在逐渐形成之中。公司要充分利用成熟的传统销售网络，并借助网络营销的力量，采取“卖场销售、专卖店经营、电子商务”虚实互动的多元渠道模式。

1. 卖场渠道

公司还将继续利用已有的传统营销模式，在大型的连锁电器卖场、百货商场、超市等卖场进行销售，采用代理商销售模式。公司要寻找具备经营和市场开拓能力，具有较强的批发零售能力的总代理商。总代理商的市场营销能力直接决定着产品在该地市场能够在多大范围和程度上实现其价值，进而影响到企业的生产规模和生产速度。尤其是新产品进入一个新市场时，如果代理商不具备经营及开拓的能力以打开市场空间，仅靠企业一方的努力是不足以取得成功的。同时，总代理商作为企业产品分流中的一个重要环节，不仅要能够实现一部分终端销售，掌握第一手的市场消费资料，更重要的是要具有经销产品的辐射力，能拓宽产品流通的出路。因此，公司还需要协助总代理大力发展经销商，充分利用经销商的渠道优势，将产品输入到各大家电卖场和各个销售终端，并做好为终端客户的售后服务工作，树立公司产品的良好口碑。

2. 专卖店经营

在城市中心位置设立公司产品专卖店，提高公司产品形象。大部分专卖店是靠产品来支撑，如烟灶产品、热水器等。由于空气净化器产品的功效是看不着摸不到的，因此需要很强的概念来支撑。概念支撑的专卖店，首先体现的是一种概念，然后是体现具体产品，要让消费者进入专卖店以后可以清楚地感觉到店内所要传达的是一种什么样的概念，产品能够达到一个什么样的效果。因此门店内装修、产品陈列、装饰物品的选择以及摆放等都要有统一的设计标准。我们的专卖店应该是一个家居体验中心，更多的是把公司的企业文化、服务理念聚集起来，给消费者一个直观、温馨的体验式经营模式，从而使消费者对空气净化器这个产品的认知概念得以提升。此外，在专卖店的体系建设中，代理商是专卖店运营的主体，公司通过专卖店这个平台，与各地域的优秀代理商们来共同实现价值一体化。

3. 网络营销

网络营销是以国际互联网为媒介，利用数字化的信息和网络媒体的交互性来辅助营销目标实现的一种新型的市场营销方式，其具备成本低、效率高、传播广、效果好的特点。公司应依托企业网站，开发网上商城营销系统开展电子商务，采用B2C的营销模式，面向终端客户销售。同时该网上商城营销系统还能为代理商和经销商进行信息实时沟通，把公司的信息实时传递给代理商和经销商，并实时把代理商和经销商的销售数据反馈给公司。为了保证代理商和经销商的利益，所有通过网上商城营销系统销售给终端客户的产品所产生的利润都将定期返还给各个终端客户所在地区的代理商和经销商，大家利用传统渠道和网络渠道的优势，把公司产品市场规模做大，这样就能达到双赢，既节省了各个环节的营销成本，又兼顾公司和代理商、经销商的利益。

（五）促销多样化策略

由于消费者的诉求、信息渠道都各不相同，采取多样化的促销手段，能更广地辐射到消费者群体，让更多消费者了解、熟悉、关注我们的新产品。

1. 人员推销

协助代理商和经销商的业务人员对潜在客户有针对性地从某个侧面介绍商品特点和功能，抓住有利时机促成交易；可以根据顾客的态度和特点，有针对性地采取必要的协调行动，满足顾客需要；还可以及时发现问题，进行解释，解除顾客疑虑，使之产生信任感。

2. 广告宣传

对重点区域市场协助代理商和经销商对电视媒体和平面媒体进行广告投放，也可将公司产品的性能优势通过软广告的形式对潜在客户进行洗脑式宣传，迅速在社会上大面积宣传告知客户产品信息。

3. 营业推广

配合代理商和经销商不定期地参加展览会、展示会等行业宣传活动，扩大产品的影响力。公司将配合代理商和经销商根据市场需求进行折价券、包装促销、抽奖促销、现场演示、联合推广、参与促销等一系列营业推广，实现公司与代理商以及经销商的共赢。

4. 公共关系

组织进行一系列社会活动，宣传公司的企业文化和价值理念，在公众中树立良好的企业形象，打响自己的品牌。

5. 网络促销

利用常用的网络促销手段：搜索引擎排名营销、关键词搜索、网络广告、网上软文营销、口碑营销、网络活动营销、事件营销、FAQS（常见问题解答）营销、在线咨询来电付费广告、交换链接、信息发布、整合营销、邮件列表、许可E-mail营销、个性化营销、会员制营销、病毒式营销、网络视频营销、博客营销、论坛营销、网络图片营销等等。通过各种网络促销活动将企业的产品、服务、价格等信息传递给消费者，以引起他们的注意，并不断诱导消费者的需求，挖掘潜在的消费者，拓展新市场，扩大销售量。

六、拟订行动方案

在明确了差异化营销策略的具体实施之后，我们需要制订各项行动方案。针对目前我们新产品的营销来说，产品推广是第一要务，因此我们以新产品推广为例来拟定行动方案。

（一）整体推广计划安排表

整体推广计划安排主要是针对促销、广告宣传、网络营销、服务营销以及展会营销等推广活动所必须要做的方案设计、时间安排和责任人划分等进行的总体部署。

表4-7 整体推广计划安排表

序号	计划工作项目	方案设计	时间安排	责任人
1	促销活动	促销活动方案	2013年3月-7月	销售部促销主管
2	广告宣传	广告宣传方案	2013年2月-6月	销售部广告主管
3	网络营销推广	网络营销策划方案	2013年3月-7月	销售部网络营销主管
4	服务营销	体验式营销方案	2013年7月-12月	销售部促销主管
5	展会营销	“2013年上海大型空气净化器产品及设备展销会”参展方案	2013年6月26日-28日	销售部展会营销主管

（二）分项推广计划安排表

计划工作的5W1H要求我们计划必须要涵盖以下五个要素：what做什么？why为什么做？when何时做？where何地做？who谁去做？how怎么做？根据这个要求，我们对推广活动进行了具体的安排。

1. 促销计划安排表

为了让当地老百姓更了解我们的产品和品牌，公司决定从本年度3月份开始每个月中旬的一个周末选择在沃尔玛、苏宁以及大型居住小区开展新产品促销活动。下面以小区的促销活动为例制订促销活动安排表。

表4-8 促销活动安排表

序号	工作项目	具体内容	时间	负责人	预算
1	促销场所联系	促销地点联系、费用商定、签订合同	2013年3月10日前	销售部外联员	￥5000
2	促销产品运输	产品运输及管理	2013年3月16-17日	销售部运营主管	￥1000

（续表）

3	促销场所布置	促销场所布置、装饰等	2013年3月16–17日	销售部运营专干	￥5000
4	促销物品	促销需要物品的采购、保管等	2013年3月12日前	销售部运营主管	￥5000
5	促销人员	促销员的招聘、培训等	2013年3月10日前	销售部内勤	￥1000
6	促销人员薪酬	促销人员薪酬	2013年3月16–17日	销售部内勤	￥5000
7	促销预算	编制促销预算	2013年3月10日前	销售部运营主管	——
总 预 算					￥22000

2. 广告计划安排表

针对我们产品的特点，公司首先选择了路牌广告作为新产品推广的一种广告宣传方式。为了进一步做好路牌广告宣传，我们就如何进行广告宣传做了如下计划安排。

表4–9 广告计划安排表

序号	工作项目	具体内容	时间	负责人	预算
1	广告创意	广告主题、标语、广告路牌位置选择等	2013年2月–3月	销售部广告策划总监	￥20000
2	广告联系及合同签订	与广告商联系并衔接、确定广告主题、创意、具体规格、要求，并签订合同	2013年3月30日前	销售部经理	￥100000
3	广告牌后续管理	广告更换及后续管理	2013年4月–12月	销售部外联员	￥10000

4	广告预算	编制广告预算	2013年2月	销售部运营主管	——
总 预 算					￥130000

3. 网络推广计划安排表

关于网络推广，我们主要采用公司门户网站的网络营销，并联系网络销售卖场进行推广。为了更好地开展网络营销推广，我们做了如下安排。

表4–10 网络推广计划安排表

序号	工作项目	具体内容	时间	负责人	预算
1	公司网站营销	公司网站更新、网络营销推广	2013年3月10日前	销售部网络营销主管	￥20000
2	网络销售商合同联系及签订	与网络营销商联系并衔接，与网络销售商签订合同，确定商品价格、发货方式、售后服务等事项	2013年3月20日前	销售部网络营销主管	￥200000
3	客户关系管理	客户信息收集、跟踪、客户回访等	2013年3月–9月	售后服务中心主任	￥5000
4	网络营销预算	编制网络营销预算等	2013年3月	销售部运营主管	——
总 预 算					￥225000

4. 体验式营销计划安排表

为了配合新产品的市场推广，公司决定采取体验式营销，现将体验式营销中心的筹建工作安排如下。

表4-11　体验式营销计划安排表

序号	工作项目	具体内容	时间	负责人	预算
1	体验式营销中心的选址	体验式营销中心选址、费用商定、签订合同	2013年7月10日前	销售部外联员	￥50000
2	体验式营销中心的装潢	体验式营销中心的设计及装修	2013年8月20日前	销售部策划总监	￥100000
3	体验式营销中心设备采购	采购相关仪器、设备	2013年8月25日前	销售部运营科专员	￥30000
4	体验中心人员	营销人员的招聘、培训等	2013年8月25日前	销售部内勤	￥2000
5	营销中心预算	编制体验式营销预算	2013年7月10月	销售部运营主管	——
总预算					￥182000

5. 展会计划安排表

为通过“2013年上海大型空气净化器产品及设备展销会”来推广我们的新产品，我们为参加此次展会进行了计划安排。

表4-12　展会计划安排表

序号	工作项目	具体内容	时间	负责人	预算
1	参展人员确定、交通及食宿安排	确定此次参展人员、往返交通、食宿等安排	2013年6月15日前	销售部副经理	￥33000
2	展会外联工作	与展会主办方联系展位、衔接相关事宜	2013年6月12日-6月28日	销售部外联员	￥28000

（续表）

3	展会资料准备	展会宣传资料、洽谈资料、服务资料等	2013年6月25日	销售部内勤	￥4000
4	参展产品运输	选定运输公司、安排运输日期运送参展物品	2013年6月20日	销售部运营主管	￥6000
5	展台布置	展台设计与装饰	2013年6月25日	销售部运营主管	￥10000
6	展示会现场管理	产品演示、客户洽谈、合同签订、展区宣传活动安排、摄影摄像等	2013年6月26–28日	销售部副经理	￥10000
7	客户跟踪	代理商追踪跟进、潜在客户跟踪等	2013年7月–9月	售后服务中心主任	￥1000
8	展会财务管理	展会预算、展会期间的财务管理	2013年6月	销售部内勤	——
总 预 算					￥92000

（三）具体活动行动方案

即将到来的“2013年上海大型空气净化器产品及设备展销会”，能为我们新产品的推广助一臂之力，这是一次难得的机会，为此，我们特制定了以下参展方案：

2013年上海大型空气净化器产品及设备展销会参展方案

1. 前言

随着公司不断发展，我公司的产品和品牌已得到了社会各界不同程度的认可。但如今社会行业竞争激烈，要保持公司在市场的地位，扩展产品线，研发新产品是企业生存和发展的需要。为了进一步推广新产品，拓展新产品在市场的占有份额，就需要我们更加注重公司和产品的宣传。

随着空气污染日益严重，全球对环境污染问题都相当重视，预计我国也将加大对环境污染的整治以及扶持力度。空气净化问题将成为老百姓关注的焦点。2013上海大型空气净化产品及设备展销会中将特设废气处理产品及设备专区，预计展商将超过100家，精准采购观众将超过2万人次。展会将于2013年6月26日-28日在上海新国际博览中心隆重召开。此外将同期举行2013中国国际空气净化高峰论坛，届时高层领导、国内多省市环保局领导、国外10余个国家的环保局相关负责人、10多个国家的大使参与，央视等6个电视媒体以及20余家纸媒及网络100余家媒体将跟踪报道高端交流活动。

参加此次展销会，不仅能让我们与当地消费者直接接触、了解其需求和其消费行为，也可以吸引各地采购商和代理商前来洽谈，有利于我们开拓市场，将产品销售到全国各地。

2. 参展时间与地点

时间：2013年6月26日—28日（3天）

地点：上海新国际博览中心

3. 参展人员

营销部经理及相关职员、产品研发团队技术人员

4. 参展目标

（1）宣传品牌：宣传我们的品牌，让更多消费者了解我们的品牌。

（2）展示产品：在展会期间展示产品，让更多消费者了解我们的产品。

（3）招商加盟：在此展会期间，通过招商，吸纳8家有实力的企业加盟至我们公司，以此来扩大我公司的销售份额。

（4）拓展渠道：参加展会，拓宽东部地区的市场渠道。

（5）了解市场未来的发展动态：通过了解消费者和采购商的需求，分析空气净化器在东部市场的发展动态，为企业下一步计划提供参考资料。

5. 重点展品选择

表4-13 展品列表

展品系列	型 号	外观颜色
吊顶悬挂式消烟器	XG-978A	白色/红色
	XG-979B	灰色/咖啡色/墨绿色
微型空气净化器	WX-321A	浅绿色/卡其色
	WX-322B	白色/粉红色
	WX-321B	深红色/紫色
	WX-322A	咖啡色/金色
装修污染克星	KX-862A	白色/黄色
	KX-856B	金色/灰色

6. 参展物料

（1）宣传资料：代理商邀请函、公司简介、公司广告服装、公司宣传册。

（2）洽谈资料：名片、相关合同。

（3）服务资料：客户资料统计表、嘉宾签到表、名片夹（一放置本公司工作人员名片，一放置嘉宾名片）。

（4）其他物资：客户提问登记表，现场跟进登记表，工作人员所需的水、笔、工作证、记录本等。

7. 宣传策略

（1）广告宣传：在行业杂志和行业网站投放相应的广告，公司网站进行同步报道。

（2）展览会宣传。

（3）预订一个展位，制作特色的企业展台，展示企业产品和品牌形象。

（4）赠送印有企业名称和产品的手提袋。

（5）在企业展台的正上方悬挂宣传双面旗，吸引消费者。

（6）在展馆入口处安排发单员发放企业产品宣传资料。

（7）后期宣传：在展会官方网站宣传企业产品，企业网站同步报道。

8. 注意事项

（1）展示期间关注产品摆放和演示，防止被人偷窃，小心损坏；

（2）关注被邀请代理人的行踪（何时到达）并及时接待；

（3）在展会期间，参展人员不能在现场吃东西，保持展厅干净整洁；

（4）每天闭馆后要及时开总结会，总结一天的工作，发现问题及时解决，整理代理意向书，重要的大客户尽量当天晚上就约见；

（5）展会工作人员衣着要统一，体现公司良好的精神面貌；

（6）在去参展前列出所有参展物品和所需要的物品清单，来去依照物品清单清理东西，防止遗漏。

9. 参展安排

表4–14　参展安排表

工作类型	工作项目	时间安排	负责人
展前工作	1. 决定参展	6月10日	公司董事会
	2. 选择展品和参展人员	6月12日	销售部经理
	3. 计划编印展出资料，选定广告代理，安排资料印刷	6月13日	销售部办公室主任
	4. 确定预算	6月15日	销售部会计
	5. 制订展出工作详细计划	6月15日	销售部策划总监
	6. 内部审查设计	6月16日	销售部经理
	7. 设计送展览会审查	6月16日	销售部外联员
	8. 预订航班、办理保险	6月16日	销售部内勤
	9. 选定运输公司、安排运输日期运送参展物品	6月20日	销售部运营主管
	10. 预订4名临时雇佣人员，并培训	6月20日	销售部内勤
	11. 向潜在顾客直接发函邀请参观展会	6月21日	销售部外联员
	12. 展台设计与装饰	6月24日	销售部策划总监

(续表)

展中工作	1. 产品演示	6月26日–28日	销售部职员A
	2. 每日产品统计、维护	6月26日–28日	销售部秘书
	3. 展出成果整理	6月26日–28日	销售部秘书
	4. 展出宣传活动安排	6月26日–28日	销售部内勤
	5. 客户接洽与合同签订	6月26日–28日	销售部职员B
	6. 摄影、摄像	6月26日–28日	销售部职员C
展后工作	1. 展品运回安排	6月28日	销售部运营主管
	2. 代理商追踪跟进	6月28日–7月初	售后服务中心主管
	3. 网站后续报道	6月28日–7月初	销售部办公室主任
	4. 将展会上的火热场面刻成光盘，进行形象整合，再包装	7月5日前	销售部职员C

10. 参展预算表

表4–15 参展预算表

预算项目	预算开支	预算项目	预算开支
1. 场地租金	￥16000	8. 市内交通费	￥200
2. 展台设计费	￥3000	9. 膳食费	￥5000
3. 施工费	￥5000	10. 住宿费	￥6000
4. 文图制作费	￥1000	11. 工资、补贴、奖金	￥10000
5. 道具制作租用费	￥3000	以上各项预留5%应急预算	
6. 水电费	￥300	12. 展品包装费	￥800
以上各项预留15%应急预算		13. 展品、道具运输费	￥2000
7. 交通费	￥5000	14. 商业税、增值税	￥2000

(续表)

15. 保险税	￥5000	20. 宴请、贵宾招待公关费	￥5000
各项预留10%应急预算		21. 接待室费用	￥1000
16. 资料编印费	￥800	22. 摄影、摄像费用	￥1200
17. 直接发函费	￥400	以上预留20%应急预算	
18. 广告费	￥10000	23. 其他费用	￥2000
19. 记者招待会、新闻稿费	￥7000		
总 预 算			￥91700

知识摘要 5

促销活动计划书

1. 计划的名称

(1) 活动名称;(2) 副标题。

2. 计划的目的(销售促进等)

3. 计划的主题(活动主题)

4. 对象商品

5. 计划的内容(如:赠品种类、赠品的赠送方法)

6. 计划的对象(目标顾客)

7. 计划的目标(来店客人数、促销期间销售量等)

8. 促销场所

9. 促销时间

10. 店内装饰

11. 制品种类(广告传单、POP、卡片等)

12. 通知方法(广告等)

13. 运营计划

(1) 店内任务安排;(2) 与以往计划的区别。

14. 计划的效果(顾客数、销量以外的预期效果)

广告宣传计划书

1. 广告目标

2. 广告时间

(1) 目标市场的开始时间;(2) 广告活动的结束时间;(3) 广告活动的持续时间。

3. 广告的目标市场

4. 广告的诉求对象

5. 广告的诉求重点

6. 广告表现

(1) 广告主题;

(2) 广告创意;

(3) 各媒介的广告表现(平面设计、文案、电视广告分镜头脚本);

(4) 各媒介广告的规格;

(5) 各媒介广告的要求。

7. 发布广告计划

(1) 广告发布的媒介;(2) 广告媒介发布排期表。

8. 广告费用预算

(1) 广告策划创意费用;

(2) 广告设计费用;

(3) 广告媒介费用。

网络营销策划计划书

1. 前言

(1) 本案策划目的;(2) 整体计划概念。

2. 网络营销环境分析

(1) 市场环境分析;

(2) 企业形象分析;

(3) 产品分析;

（4）竞争分析；

（5）消费者分析。

3. SWOT分析

4. 门户网站的建立

5. 网站推广方案

（1）营销目标和战略重点；

（2）产品和价格策略；

（3）渠道和促销策略；

（4）客户关系管理策略。

6. 实施计划

7. 费用预算

8. 方案调整

展会策划计划书

1. 前言

2. 公司参展原因分析

3. 参展时间

4. 参展地点

5. 参展人员

6. 公司参展目的

7. 重点展品选择

8. 参展资料

（1）宣传资料；（2）洽谈资料；（3）服务资料；（4）其他物资。

9. 宣传策略

（1）广告宣传；（2）展览会宣传；（3）后期宣传。

10. 效果预测

11. 注意事项

12. 参展安排

(1) 展前工作;(2) 展中工作;(3) 展后工作。

13. 参展预算

七、预算

计划工作的最后一步就是编制预算，使计划数字化，即将选定的方案用数字更加具体地表现出来。通过编制预算，对组织各类计划进行汇总和综合平衡，控制计划的完成进度，才能保证计划目标的实现。

表4–16　推广活动总预算表

序号	类别	费用	备注说明
1	市场调研费用	￥20000	前期的市场调查以及专家咨询等调研费用
2	促销费用	￥110000	5次促销活动的总预算
3	广告费用	￥130000	广告宣传的各项开支
4	网络营销费用	￥225000	网络营销推广的各项开支
5	体验式营销费用	￥182000	体验式营销中心筹建及运营费用
6	展会营销费用	￥92000	参加展会的相关费用预算
7	管理费用	￥10000	人员差旅、手机费、室内交通费等其他费用
8	人力资源发展费用	￥10000	人才招聘、录用、培训等费用
总　计		￥779000	

知识摘要 6

预算编制方法

预算编制方法，可以从多种维度出发，采用维度不同，所用方法不同。在很多种情况下，几种维度的方法穿插使用，或者采取最适应的方法，或者在一个预算体系不同的角度采用不同维度的预算方法。

1. 按照编制基础来划分，可以将预算分为零基预算和增量预算

零基预算是对预算收支以零为基点，对预算期内各项支出的必要性、合理性或者各项收入的可行性以及预算数额的大小，逐项审议决策从而予以确定收支水平的预算，一般适用于不经常发生的或者预算编制基础变化较大的预算项目，如对外投资、对外捐赠等。进入新行业，如果没有参照物，你就没有办法，只有零基预算；或者即使你有参照物，但是你的公司、团队未必能适应、磨合参照物的标准成本来预算。零基预算编制首先要划分和确定基层预算单位；其次由基层单位编制本单位的费用预算方案，具体由企业提出总体目标，然后各基层预算单位根据企业的总目标和自身的责任目标出发，编制本单位为实现上述目标的费用预算方案；再次进行成本—效益分析；最后审核分配资金，编制完成预算。执行中遇有偏离预算的地方要及时纠正、修订，遇有预算本身问题要找出原因，总结经验加以提高。

增量预算方法，又称调整预算方法，是指以基期成本费用水平为基础，结合预算期业务量水平及有关影响成本因素的未来变动情况，通过调整有关原有费用项目而编制预算的一种方法，这是一种传统的预算方法。

2. 按照预算的状态进行划分，可以将预算分为固定预算和弹性预算

固定预算，根据预算内正常的、可实现的某一业务量水平编制的预算，一般适用于固定费用或者数额比较稳定的预算项目，如固定成本等。弹性预算，在按照成本（费用）习性分类的基础上，根据量、本、利之间的依存关系编制的预算，一般适用于与业务量有关的成本（费用）、利润等预算项目，如变动成本、混合成本等。另外，从大类来分，弹性预算还包括概率预算。预算编制涉及的许多变量在预算期内可能是不确定的。在这种情况下，只能做出一个近似的估计，估计它们将在一定的范围内变动，在这个范围内有关数值可能出现的概率是多少，然后按照各种可能性的大小加权平均计算，确定有关指标在预算期内的期望值。按照这种方法编制的预算称为概率预算。一般适用于难以预测变动趋势的预算项目，如销售新产品、开拓新业务等。

3. 根据预算的时间属性划分，可以将预算分为定期预算和滚动预算

定期预算是预算的一种，在通常情况下，全面预算的预算期限是一年，以便和会计年度相配合，对预算执行结果进行分析评价，这种预算方法称为定期预算。滚动预算是随时间的推移和市场条件的变化而自行延伸并进行同步调整的预算，适用于季度预算的编制，如销售预算、生产预算。

4. 根据预算结果控制的要求，可以分为总量控制预算和总量自由预算

顾名思义，总量控制预算，有效地控制预算总量，包括收入总量、支出总量、盈余/赤字总量和债务总量。总量控制的核心和基础是支出控制，因为支出控制是否有效在很大程度上影响了其他预算总量的效果。在预算过程中实施总量控制，需要基于集团公司（或预算企业）产生自上而下的各类预算限额，包括收入、支出、费用和债务限制。总量自由预算，是不对预算的总量进行限制，可以通过预算得出来是多少就是多少。一般来说，集团公司对于下属企业，总体是有总量控制的，但对于个体来说，可以近似地认为是总量自由预算。

学习案例

××新能源汽车“清凉夏日”促销方案

一、活动目的

（一）与目标消费者追求尊贵、地位、身份、品牌、时尚、安全感、高品位的特性完美结合，满足消费者的心理需求。

（二）走进社区，零距离接触，推出有个性、时尚、轻松、公益的活动，让消费者体验夏日的“清凉”。

（三）通过品牌与公益结合，扩大媒体宣传影响力，促进销售力。

（四）通过系列活动拉近消费者与新能源汽车的距离，提高公司的品牌形象。

二、活动时间

2022年×月×日—×月×日

三、活动内容

（一）活动一

1.活动主题：关爱儿童 成就未来

2.活动时间：×月×日

3.活动形式：由××新能源汽车与大型社区携手举办的互动活动，吸引社区众多小朋友热情参与，小朋友在老师和家长的帮助下，画出他们心中最喜爱的××汽车——“我心中喜爱的儿童绘画巡展”，充分激发孩子们的想象力以及热爱汽车的激情。

4.活动地点：某某社区

（二）活动二

1.活动主题：试乘试驾 实现梦想

2.活动时间：×月×日—×月×日

3.具体内容：××车辆完美驾乘分享活动——为期三天的深度试驾及寻宝体验。让客户在体验车辆性能的同时，通过城市道路、快速路、高速路段和乡镇道路的各种道路体验，充分体会驾驶××车辆的乐趣。

4.活动地点：某某社区

（三）活动三

1.活动主题：汽车安全公益讲座

2.活动时间：×月×日

3.具体内容：主持人和嘉宾通过真实案例的讲解，纠正驾乘者日常生活中常犯的错误，并且通过与业主面对面的接触机会，把安全汽车生活理念带给业主，倡导大家享受汽车带来的乐趣的同时，过上安全的汽车生活。

此外，讲座现场还提供两项现场服务：其一，当天当场的业主每人可以获得2000元代金券，购车时可抵现金使用；其二，当天服务站技术专家为社区车主进行免费检测、免费检查胎压、免费添加玻璃水等，并当场办理6折维修会员卡。

4.活动地点：某某社区

四、费用预算

序号	名称	数量	费用（元）
1	报纸广告	晚报1/2版	￥6000
2	Dm广告	50000张	￥6000
3	绘画材料	彩笔、纸张等	￥500
4	绘画桌椅	若干	￥500
5	咨询桌	2张	￥400
6	彩色打印机	1套	￥1500
7	租赁场地		￥4000
8	音响租用	1套	￥1500
9	矿泉水	10箱500ml	￥250
10	海报	全开30张	￥2000
11	其他		￥2000
总　计			￥24650

××新能源汽车销售部

2022年×月×日

任务五
绩效考核体系设计

公司的战略目标要最终得以实现，必须依赖于全公司各部门及其员工方向一致的共同努力和协同作战，而这个过程需要通过有效的绩效考核体系来加以落实——绩效考核体系承担着战略目标的分解、传导、督促落实和评估的功能。因此，公司必须建立一套有效的绩效考核体系，以保障公司目标的实现。具体而言，绩效考核体系的设计包括选择和确定考核的主体、考核的对象、考核的指标和标准、考核的周期以及考核的方法等等。在公司绩效考核体系的基础上，结合各部门及岗位的职能、职责和实际情况，将公司战略目标进行层层分解，落实到每一个部门和个人，从而达到蒙牛创始人牛根生所说“千斤重担人人挑，个个头上有指标”的状态。

● 背景材料

H公司所面临的绩效考核困境

H公司根据新的战略，已成功进入新的领域，生产和销售新的产品，为此，公司为加强经营管理、提高员工的积极性和工作绩效，由公司人力资源部门制订了H公司员工绩效考核管理办法。那么H公司是如何进行考核的呢？

H公司每年年终按惯例进行一年一度的考核。对部门经理的考核是由公司高层从“德、能、勤、绩”四个方面进行打分，具体的考核细目侧重于经营指标的完成、其他工作职责的履行，思想品德以及工作能力的考核则比较抽象。对部门经理的考核完成后，公司领导在年终总结会上进行说明，并将具体情况反馈给个人。对于一般员工的考核则由各部门的领导掌握。业务部门的领导对于下属业务人员的考核通常是从经营指标的完成情况来进行的；而非业务部门则是在到了年终要分奖金的时候，部门领导才会对自己的下属做一个笼统的排序，其考核结果也仅作为员工年终奖的发放依据。

经过一年的运行，面对年度考核中出现的种种现象，总经理感觉效果不明显，同时也出现了不少问题，为此，李总要求经营管理部召开部门经理会，讨论绩效考核出现的问题及解决办法。

某天下午两点在公司会议室召开部门经理会，会场上总经理几乎把每个部门的头头都骂了个遍。销售额上不去，新产品的开发与销售进展缓慢。总经理发完火后，请各门负责人谈谈问题到底出在哪里，应该怎么办？这时，会场陷入沉寂，谁也不愿发言，于是李总点名销售部陈经理首先发言。

陈经理先是进行了一番自我批评，然后话锋一转，说虽然我们销售部门没有按期完成任务，但是也经常遇到一些我们无法解决的问题，如顾客说我们公司“要么不能按时发货，要么就发错货，还有几次发过去的产品包装都破了，顾客以为是二手货，拒收并要求退货。顾客不满，当然影响销售了”，还有一部分顾客说“产品功能不稳定，经常出现问题，影响正常使用；某些功能看上去很美，但没有多少实用价值，觉得性价比不高，有时还不如买那些功能虽然差一些，但价格便宜很多的产品”。

接下来物流部门经理坐不住了，解释说：“成品储存量少，生产部门不能按期完成订单，我们经常无货可供，不能按时发货，我们也没办法。”

轮到生产部门时，他们也有他们的说法：公司生产任务很重，要求我们必须完成一定的产量，又由于新产品开发任务重，所以我们也有很多难处。同时，新产品更新快，设计方案、生产工艺经常改动，性能不稳定在所难免。

研发部门负责人听说由于设计问题导致产品性能与质量问题，也急忙说明：公司要求要实施差异化战略，要做到比竞争对手快一步，所以我们需要在性能等方面领先竞争对手，需要不断改进生产工艺。

会议就在大家不断地进行解释说明的情况下进行，大家好像说的都有道理，而事实上公司的生产经营存在很大问题，谁也不愿意承担责任。经过一番争论后，总经理也无法明确界定谁应承担什么样的责任，只好宣布会议暂时结束。

会后，总经理坐在办公室继续思考今天会议中提到的各种问题，感到很大部分原因是与年前目标责任、考核要求、处罚措施没有明确到位有关。因此，总经理希望在以后建立起合理的绩效考核体系，以避免上述现象的再次发生。为此，总经理找来人力资源管理部负责人，要求对公司现有绩效考核体系进行变革，拿出一个切实可行的绩效考核制度。

● 任务要求

1. 设计H公司的绩效考核体系。

2. 根据公司“实施差异化竞争战略，通过不断开发新产品，持续保持公司的市场竞争地位”的战略，结合公司目前存在的问题，设计支持公司竞争战略的研发部、销售部、生产部的关键绩效考核指标。

● 解决方案

一、总体设计思路

根据绩效考核体系及绩效考核指标的设计原理、结构及方法，结合案例背景材料提供的信息，为完成任务目标，本设计方案依据以下思路进行设计。

在进行绩效考核体系设计前应对现有状况进行诊断分析，找出存在的问题，在此基础上进行有针对性的绩效考核体系设计，然后再进行考核指标的设计。具体过程及主要内容如下：

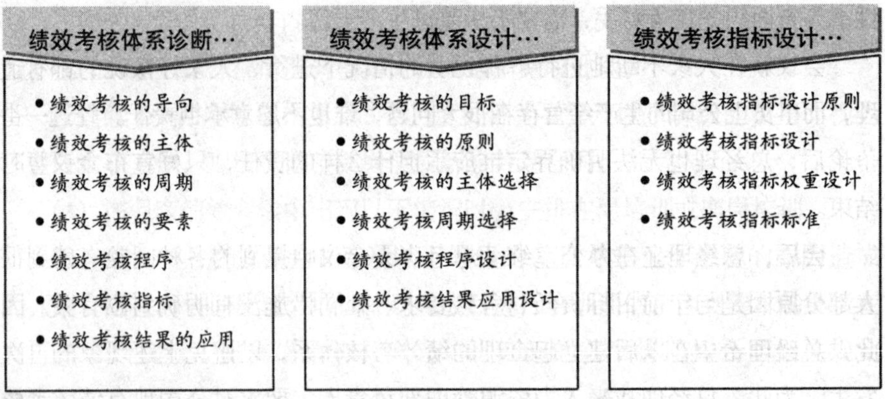

图5-1　绩效考核体系总体设计内容

二、绩效考核体系诊断分析

我们在进行绩效考核体系设计时，首先需要对现有的考核体系进行分析诊断，找出其中存在的问题，以便于在设计新的绩效考核体系时加以改进、纠正，以避免出现同样的问题。通常情况下，绩效考核体系的诊断可以从绩效考核体系的整体运行以及考核体系中各个要素的设计等方面进行诊断（如图5-2所示）。下面我们对H公司的绩效考核体系进行诊断。

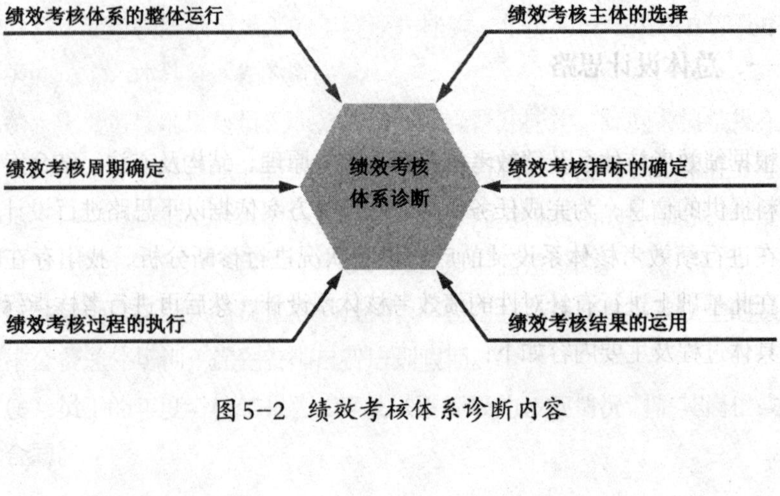

图5-2　绩效考核体系诊断内容

知识摘要 1

绩效考核的功能

绩效考核主要具有四大功能：信息摄取功能、评价功能、行为导向功能、激励约束功能。

具体地说，绩效考核作为一种管理手段，它可成为管理者的一种有效的管理工具，同时它也是管理者的一种权力，体现了管理者管理责任与管理权力的对等，绩效考核能帮助管理者对员工进行管理。

通过绩效考核可摄取员工个人及其工作的信息，对员工素质及工作状况的成果进行评价，从而实现对员工工作行为、工作结果的激励和约束。

绩效考核通过绩效标准的设计及考核的实施，起到对员工行为的一种导向作用，员工清楚地了解什么样的行为是企业予以鼓励的，什么样的行为是企业反对的。

通过对H公司绩效考核体系运行过程的调查了解，以及对绩效考核情况、相关数据以及绩效考核管理制度的分析，我们对H公司的绩效考核体系及运行状况诊断如下：

（一）绩效考核体系整体运行诊断

H公司过去的绩效考核基本上是按照绩效考核管理制度所规定的程序和方法进行的，起到了一定的工作促进作用，但也出现了较多的问题，从整体上看，大部分部门的绩效考核基本上是流于形式，对实现公司目标起到的促进作用有限，比如背景材料中所描述的，公司实施绩效考核一年来，各项工作均没有达成预期目的，而且由于绩效考核制度设计的缺陷以及考核实施中的不作为，使得考核体系的运行产生了许多负面影响；又比如，在总经理召开的绩效考核部门负责人会议上，由于责任划分不明、导向不清、过程监督不力等因素，导致各个部门相互指责，相互推卸责任，难以明确责任等，这些都与绩效考核制度及实施中存在的问题密切相关。因此，H公司一年来，绩效考核体系的运行没有达成预期的目标，同时还产生了一些不好的影响，难以继续实施下去，亟待改进与完善。

（二）绩效考核体系要素诊断

1. 考核主体单一，缺乏对考核对象客观全面的评价

H公司在考核主体的选择方面比较单一，基本上都只是将直接上级作为考核主体，缺乏其他相关人员的评价。比如产品研发部门及产品研发人员仅仅只有直接上级的考核，缺少产品使用对象客户，以及设计服务对象营销人员、生产人员对他们进行的考核。这样容易导致产品研发人员不会太关注这些群体的评价，使得产品的设计难以满足客户的需求，导致产品在生产过程中的复杂性，影响生产进度与产品质量。

2. 考核周期的设置不合理

H公司没有考虑根据不同岗位的工作性质进行考核周期的设置，而是都采取笼统的一年一次考核，这是不恰当的。有的岗位，如一线操作工，工作绩效可以在很短的时间内就表现出来，因而可以采取比较短的考核周期，如按月考核甚至按周考核；而有的岗位，如高级管理人员，工作绩效需要经过一段较长时间才能表现出来，因而应该设置比较长的考核周期，如每半年或一年考核一次。

3. 绩效考核指标缺乏明确的导向功能

H公司在考核指标的设计方面，可能仅仅是为了考核而考核，忽视了考核指标的导向功能。比如，在生产人员的考核指标设计中，主要关注常规的考核指标产量与生产成本，而对公司强调的新产品的研发战略所需要的生产技术支撑方面的考核没有考虑，导致生产体系对新产品的试制、生产以及生产工艺的改进等方面不积极。另外，对于及时满足客户需求、支持销售部门签订合同所要求的订单按期完成率不关心，他们更多地注重产量，尽可能地生产批量大的订单，对小批量的订单延后，这样一来，虽然产量能达成考核目标，但订单履行率下降，不利于提高客户满意度，不利于销售人员提升销售收入。

4. 缺少平时的绩效反馈

考核应该是一个周而复始不断循环的管理过程，而不是偶尔为之的一次性活动。考核者应该在员工完成计划过程中观察并记录其工作表现，测量员工实

际绩效并与目标进行比较，与员工讨论分析未达成目标的原因及制定绩效改进计划等。但H公司的考核过程仅仅只是年底的考核。

5. 考核结果的运用过于简单

考核的结果应该与公司的人事管理决策相结合，为公司人力资源管理提供依据，并提高考核的影响力和员工的关注度。但H公司年底的考核结果仅仅只是作为年终奖发放和工资晋级的依据，没有作为与职位晋升、岗位调整、培训等决策的依据。

知识摘要 2

绩效考核体系构成

绩效考核体系一般由考核主体、考核周期、考核要素、考核权重和考核标准以及考核结果的应用构成。

1. 考核主体：是指由谁来进行考核。
2. 考核周期：是指多长时间进行考核。
3. 考核要素：是指具体的考核内容。
4. 考核权重：是指具体的考核内容的相对重要程度。
5. 考核标准：是指对具体考核内容的评价尺度。
6. 考核结果应用：是指考核结果的用途及使用方法。

三、绩效考核体系优化设计

根据对H公司绩效考核体系的诊断，找出了存在的绩效考核问题，接着我们将根据绩效考核体系的设计原理并结合H公司的实际情况，进行绩效考核体系的设计。

（一）绩效考核目的

一个绩效考核体系的建立必须首先明确为什么要进行绩效考核，通过绩效考核应达成什么样的目标，这是建立绩效考核体系的前提。只有明确了目的，才能使体系建设不偏离方向，才能体现实现绩效考核的导向功能、激励功能，为公司的战略实施服务。为此，我们设计了H公司绩效考核体系的目的。

1. 战略目的

通过绩效考核体系的建立及绩效考核的实施，提高公司实施差异化竞争战略的能力，提高新产品的市场竞争能力，达成公司销售收入增长，且新产品的销售收入份额达到30%及以上的战略目标。

2. 管理目的

通过绩效考核的实施，对公司阶段性经营管理重点的实施提供支撑保证。规范员工的工作行为，帮助公司改进经营绩效，同时为公司的人事决策提供依据。

3. 开发目的

通过绩效考核的实施，对员工的工作绩效、工作能力进行评估，及时发现与掌握员工的工作绩效，从而指导与帮助员工改进工作绩效和工作能力，促进员工能力的提高，开发员工的潜能。

（二）绩效考核原则

为保证绩效考核体系的科学性、合理性与公平性，我们在设计绩效考核体系时应遵循一定的设计原则，这样在设计考核体系时才能有一个准则，不会偏离一些基本要求和目标，并可指导我们的体系设计。通常情况下，我们一般要遵循客观、公正、公开等原则，当然考核原则的设计一般也要根据公司的具体情况来设计，比如，原来绩效考核管理基础较差的公司就不能将考核体系设计得太复杂，应该简单一点、考核成本低一点，为此，根据H公司实际情况，我们设计以下一些考核原则。

1. 客观公正原则

绩效考核应基于员工的实际表现，根据预先设定的标准做出客观公正的评价。考核指标和标准尽可能量化，不能量化或难以量化的尽量行为化，减少主观因素对考核的影响，客观公正地评价员工的工作业绩。

2. 公开原则

绩效考核程序、考核指标和标准、考核结果及应用应向员工公开，通过公开使员工了解公司对他们的期望，明确自己努力的目标；通过公开促成公正，防止其他非正常因素对员工绩效考核所形成的负面影响，防止考核中可能出现的偏差、及时了解和纠正考核中可能的失误，以保证考核的公平与合理。

3. 导向原则

绩效考核要求具有明确的导向原则，考核指标的设计及考核结果的运用要充分表达和体现公司对员工工作行为、工作结果的期望，旗帜鲜明地表达什么是公司鼓励的行为、什么是公司反对的行为。

4. 实用原则

绩效考核方法和程序要求简洁、实用，考核指标要求突出重点，考核数据要求便于采集，注重降低考核成本。

5. 及时反馈原则

绩效考核的结果要及时反馈给被考核的员工本人，肯定员工的工作业绩，指出缺陷和不足，提出改进要求，以促进员工工作绩效的不断提升。

6. 奖惩结合原则

绩效考核不能为考核而考核，要将考核结果与员工薪酬、奖惩、晋升、培训等紧密结合起来，充分发挥考核的激励功能，提高员工的工作积极性。

（三）绩效考核内容、周期及方法

在实际的绩效考核工作中，一般应根据不同岗位的特征来确定其考核内容、考核方法与考核周期，通常情况下，员工的绩效考核主要从工作业绩、工作能力、工作态度等三个方面进行考核。但不同的岗位在考核内容、考核方法和考核周期上则有较大的差别。在实际操作中我们往往要先要根据岗位的特征对岗位进行分类，然后在此基础上确定岗位的考核内容、考核方法和考核周期。

绩效考核周期的选择一般应该根据被考核岗位工作业绩显现出来的时间长短来确定，如果在较短的时间内如一个月就能反映其工作业绩，就可以进行月度考核，如果需要更长时间才能反映其工作业绩，就可考虑进行季度、半年度或年度考核；反之就可进行周、日考核。另外，绩效考核周期的选择也应该考虑考核成本，考核越频繁，绩效考核成本就越高。

绩效考核方法的选择一般需要考虑以下几个因素：绩效考核结果反映客观

实际的程度；绩效考核结果反映被考核者绩效的详细程度；绩效考核是否易于操作；绩效考核所投入的时间和费用。

1. 高级管理人员考核

一般情况下，对于高级管理人员只进行工作业绩与工作能力的考核，同时考虑到高级管理人员的经营业绩、工作能力的显现需要较长的时间，因而本方案高级管理人员的考核周期选择年度考核。

（1）工作业绩考核。

由于高级管理人员作为整个经营管理团队中的一员应该对公司整体的经营业绩负责，因此，董事会下达给经营层的年度经营目标应该作为所有高级管理人员的考核内容，同时考虑到高级管理人员又可能具体分管不同的工作，因此，这些高级管理人员除应考核公司整体经营目标的完成情况外，还应对其分管的工作业绩进行考核。

高级管理人员经营业绩考核包括基本财务指标的考核、经营管理水平的考核、重点经营管理工作的考核以及分管工作的考核。

高级管理人员经营业绩的考核方法主要采用关键绩效指标考核法（KPI）进行考核，在设定关键绩效指标时可考虑参照平衡计分卡的思想来设置关键绩效指标，除此之外，对于高级管理人员表现特别优秀的行为或者违规行为则采用关键事件法进行考核。具体内容如下：

①基本财务指标的考核。

主要包括但不限于净利润、营业收入、净资产收益率、总资产收益率、经济增加值等指标的考核，具体指标在责任书中明确。

②企业经营管理水平的考核。

主要包括但不限于企业经营管理水平、技术创新能力及风险控制能力等方面的考核，具体指标在责任书中明确。

③重点经营管理工作考核。

主要包括但不限于企业在年度内围绕发展战略在市场占有、技术创新、重大投资、管理优化等方面实施的重点生产经营管理工作，具体指标在责任书中明确。

④分管工作的考核。

主要包括但不限于分管工作职能范围内的主要财务类指标、重点工作任务指标和经营管理水平类的指标。

（2）工作能力考核。

高级管理人员工作能力考核主要是对高级管理人员个人职业素养、履职能力、行为表现与本职岗位目标要求之间的匹配程度等方面的评价。主要包括以下关键性指标：廉洁自律、勤勉敬业、经营决策、沟通协调、整体观念、内控管理、开拓创新、运行效率、执行力、专业水平、团队管理等。根据高级管理人员分管工作的不同，可选择性其中部分内容进行考核。

高级管理人员领导综合能力考核采取多纬度领导力问卷调查和行为事件访谈相结合的方式进行。

①多纬度领导力问卷调查。

基于既定的领导能力模型，针对能力模型要求的典型行为描述，对考核对象表现该典型行为的能力进行评估，从而获得对考核对象能力的评估。

②行为事件访谈。

行为事件访谈包括以下两部分内容：

根据领导力问卷调查统计结果，进行针对性访谈，深度挖掘考评对象所展现的典型行为特征，从而进一步对其领导能力加以判断。

对被考核人经营管理工作中出现的典型事件作进一步的了解和访谈，对其领导能力进行判断。

2. 中层管理人员和其他员工考核

一般情况下，中层管理人员及其他员工需要进行工作业绩、工作态度以及工作能力的考核。鉴于这部分人员的工作业绩、工作态度的显现时间一般较短，故在本方案中的对工作业绩、工作态度的考核采取月度考核。但是他们工作能力的显现仍需较长时间，故对其工作能力的考核采取年度考核。

由于中层管理人员及其他员工的岗位工作性质不同，对他们的工作业绩考核也需要进行区别对待，实行差别化考核。一般情况下，可将他们的岗位分为职能管理类、技术类、经营业务类与生产类岗位。

（1）工作业绩考核。

职能管理类及技术类岗位：主要包括但不限于主要岗位职责的履行情况和

行为考核，以及月度工作计划任务的完成情况考核。员工工作业绩每月考核一次，具体考核指标在岗位考核表中确定。

业务类及生产类岗位：主要包括但不限于经济类目标任务完成情况考核以及职责履行情况和行为考核。其中目标任务的考核权重根据岗位的不同有所区别，但应不低于60%。员工工作业绩每月考核一次。具体考核指标在岗位考核表中确定。

（2）工作态度考核。

员工工作态度考核主要是针对员工在岗位职责履行过程中的主观表现进行评价，包括但不限于主动性、责任心、协作性、执行力等方面的考核。员工工作态度每月考核一次。具体内容详见员工工作态度考核表。

（3）工作能力考核。

一般情况下，对员工的工作能力的评价主要是对员工在履行岗位职责过程中所表现出的能力素质进行评价，每年度考核一次。

员工工作能力常采用员工工作能力调查问卷以及关键事件法相结合的方式进行。员工工作能力调查问卷分为中层管理人员、职能管理人员、技术人员、业务人员以及生产人员几类调查问卷。针对各类岗位的特征设计出不同的工作能力要求，具体内容在员工工作能力表中确定。

（4）员工年度综合考核。

员工年度综合考核是对员工一年来在工作业绩、工作态度、工作能力等各方面的一个综合性评价，不同岗位在工作业绩、工作态度、工作能力等方面的考核权重可以不同。具体内容如下：

年度工作业绩考核结果：由月度工作业绩考核的平均值确定，其权重原则上不低于60%。

年度工作能力考核结果：由年度进行的员工工作能力考核结果确定，其权重原则上不低于10%。

年度工作态度考核结果：由月度工作态度的平均值确定，其权重原则上不低于10%。

（四）绩效考核主体

员工绩效考核主体是指由谁来进行考核，这既关系到员工绩效考核的合理性，同时也关系到各级管理者对员工工作管理的有效性。试想如果一个管理者没有权力去评价其下属员工，对下属员工的绩效考核及绩效考核结果的运用无权表达意见，则管理者很难对下属员工进行管理。因此，员工的直接上级作为其考核主体就显得尤为必要。但遗憾的是，在一些企业中，对员工的考核，其直接上级仅仅只能作为众多民主测评考核成员中的一名来表达自己的考核意见。

当然，直接上级作为考核主体的唯一选择也是不恰当的，特别是对那些直接面对市场、客户的岗位或者在企业内部经常需要为其他部门或其他岗位提供服务的岗位，其服务对象就能对这些岗位的服务质量、服务水平等进行评价。所以，在选择考核主体时，我们应对岗位的特征进行分析。

作为员工的上级往往只能观察到员工的一小部分工作表现，而大部分员工的行为只有同事、下级知道。如果同事参与评价，员工在工作中会注重与同事的合作，而不是只关注自己的业绩，因此，在强调团队合作精神的企业，可以选择同事、下级作为员工的考核主体。当然，如果企业员工之间的人际关系氛围过于紧张或者过于一团和气，则选择同事参与评价就不太合适。

对于员工工作能力的评价相对于工作业绩的评价来说有其特殊性。通常对员工工作能力的评价是根据员工多方面的行为表现来进行判断的，并且工作能力的评价本身也是很难的，如果只是直接上级来评价就会产生较多的偏差，因而，我们在进行工作能力的评价时可选择直接上级、同事、下级，甚至客户或服务对象来进行评价。

考核主体的选择并没有一个固定的模式，实际操作时要根据岗位特征、企业文化特征、管理者的管理水平和评估能力、员工相互之间的人际关系氛围等多方面的因素来进行选择。

根据岗位特征、公司强调团队合作以及客户服务的要求，对各类岗位的考核主体选择原则见表5-1：

表 5–1 绩效考核主体表

<table>
<tr><th colspan="2">考核对象</th><th>考核内容</th><th>考核主体</th></tr>
<tr><td rowspan="6">职能管理类</td><td rowspan="3">部门负责人
经营单位负责人</td><td>工作业绩</td><td>直接上级；
有协作或职能管理关系的部门负责人。</td></tr>
<tr><td>工作态度</td><td rowspan="2">直接上级；
有协作或职能管理关系的部门负责人；
部门内下级。</td></tr>
<tr><td>工作能力</td></tr>
<tr><td rowspan="3">其他员工</td><td>工作业绩</td><td>直接上级；
有协作或职能管理关系的其他岗位。</td></tr>
<tr><td>工作态度</td><td rowspan="2">直接上级；
有协作或职能管理关系的其他岗位。</td></tr>
<tr><td>工作能力</td></tr>
<tr><td rowspan="6">业务类</td><td rowspan="3">部门负责人
经营单位负责人</td><td>工作业绩</td><td>直接上级；
有协作或职能管理关系的部门负责人。</td></tr>
<tr><td>工作态度</td><td rowspan="2">直接上级；
有协作或职能管理关系的部门负责人；
部门内下级。</td></tr>
<tr><td>工作能力</td></tr>
<tr><td rowspan="3">其他员工</td><td>工作业绩</td><td>直接上级；
有协作或职能管理关系的其他岗位。</td></tr>
<tr><td>工作态度</td><td rowspan="2">直接上级；
有协作或职能管理关系的其他岗位；
外部客户。</td></tr>
<tr><td>工作能力</td></tr>
<tr><td rowspan="6">技术类</td><td rowspan="3">部门负责人
经营单位负责人</td><td>工作业绩</td><td>直接上级；
有协作或职能管理关系的部门负责人。</td></tr>
<tr><td>工作态度</td><td rowspan="2">直接上级；
有协作或职能管理关系的部门负责人；
部门内下级。</td></tr>
<tr><td>工作能力</td></tr>
<tr><td rowspan="3">其他员工</td><td>工作业绩</td><td>直接上级；
有协作或提供服务关系的其他岗位。</td></tr>
<tr><td>工作态度</td><td rowspan="2">直接上级；
有协作或提供服务关系的其他岗位；
外部客户。</td></tr>
<tr><td>工作能力</td></tr>
</table>

（续表）

<table>
<tr><td rowspan="6">生产类</td><td rowspan="3">部门负责人
经营单位负责人</td><td>工作业绩</td><td>直接上级；
有协作关系的部门负责人。</td></tr>
<tr><td>工作态度</td><td rowspan="2">直接上级；
有协作关系的部门负责人；
部门内下级。</td></tr>
<tr><td>工作能力</td></tr>
<tr><td rowspan="3">其他员工</td><td>工作业绩</td><td>直接上级；
有协作或提供服务关系的其他岗位。</td></tr>
<tr><td>工作态度</td><td rowspan="2">直接上级；
有协作或提供服务关系的其他岗位。</td></tr>
<tr><td>工作能力</td></tr>
</table>

（五）绩效考核程序

员工的绩效考核是一个持续的过程，不仅仅只是在一个特定的时点得出一个绩效考核结果，考核的目标是确立员工的工作目标，不断促进员工工作绩效的提高，因此，在设计绩效考核程序中应重点关注绩效目标的确定、绩效管理过程的沟通、绩效的改进、绩效的评估、绩效的反馈等方面。

1. 高级管理人员考核程序

通常情况下，高级管理人员的考核程序相对较简单，董事会很难对过程进行监督与控制，而着重在目标制定、年中检查与年末考核这几个核心环节，其具体的考核程序如下：

（1）绩效目标确定。

董事会薪酬与考核委员会在上年度末根据公司战略的实施情况，组织制定高级管理人员年度经营目标及绩效考核指标，报董事会批准，并与高级管理人员签订"年度经营目标责任书"。

（2）中期评估。

在每个会计年度中期结束后，参加考核人员向董事会薪酬与考核委员会提交上半年述职报告，汇报指标完成情况，由董事会薪酬与考核委员会进行中期评估，并上报董事会。当经营环境发生重大变化或发生不可抗力等影响考核目标的实现时，董事会薪酬与考核委员会可根据实际情况对考核指标提出调整意见，报董事会批准。

(3) 年度考核。

①年度考核通知。

董事会薪酬与考核委员会在年度结束后两个月内（或财务审计结束后一个月内）组织对高级管理人员的考核，包括编制考核工作计划、发出考核工作通知等。

②书面述职报告。

高级管理人员接到考评工作通知后15日内向董事会和委员会提交书面述职报告，内容包括被考核人年度工作中的主要业绩、自我评价和今后工作设想。

③现场述职。

考评对象向董事会和董事会薪酬与考核委员会述职，以会议形式进行。高级管理人员述职时，邀请监事会成员、总部部门负责人、分子公司高级管理人员及部分职工代表列席。

④多纬度领导力问卷调查。

在述职大会现场，向参加述职会议的人员发放领导综合能力调查问卷。调查问卷由被考评者本人、上级、下级及同级人员填写，各层级评分权重由委员会确定。

⑤行为事件访谈。

对多纬度领导力问卷调查统计分析结果以及经营管理工作中的典型事件，开展针对高级管理人员的行为事件访谈，访谈对象包括被考评者本人、上级、下级及同级人员。

⑥工作业绩考核。

由公司经营管理部、财务部、审计部等部门提供相关工作业绩考核的数据与事实依据，由薪酬考核委员会成员根据提供的数据类考核指标，以及述职报告、企业考察、关键业绩事件的访谈情况等，对高级管理人员的工作业绩进行评估，并确定考核结果。

⑦工作能力的考核。

由董事会薪酬与考核委员会根据企业经营状况、述职报告、领导综合能力调查问卷、行为事件访谈、平时集团有关领导和相关部门提供的事实性材料等方面进行综合评估。

⑧综合考核报告。

根据高级管理人员经营业绩考核和工作能力考核计算出高级管理人员年度考核综合得分，撰写综合考核报告，并将考核结果及综合考核报告报董事会审议通过。

⑨考核结果反馈。

在董事会完成考核报告审批后30天之内，董事会相关董事及薪酬与考核委员会成员约谈高级管理层人员，并向高级管理人员反馈考核结果。

2. 其他人员考核程序

员工绩效考核按规定的程序进行，以保障绩效考核的规范化及考核程序。现以月度绩效为例来说明绩效考核程序，具体内容如下：

（1）绩效指标确认。

每年底根据公司年度经营计划对经营目标进行分解，将相关目标分解至各部门及各经营单位，在企业管理部的统一组织下，对各部门及经营单位原来的部门绩效考核指标按照新的目标要求进行调整，报主管领导审核，总经理审批后施行。

各部门及各经营单位根据最新确定的部门及经营单位的绩效考核指标，对原有各岗位的绩效考核指标进行调整，并将指标调整情况及时与人力资源部沟通，经人力资源部审核后，报主管领导审批。

在年度考核周期内若需调整绩效考核指标，需向人力资源部申报，经人力资源部审核并经主管领导审批后，可对绩效考核指标进行调整。

各部门及经营单位因岗位编制及人员的变化调整岗位职责后，需对相关岗位的绩效考核指标进行调整，其审核与审批程序同上款。

（2）观察并记录员工的工作表现。

绩效考核指标确定后，在员工实施计划的过程中，管理者不能放任自流，而是应该经常观察和记录员工的表现，为正确进行考核评价提供依据，避免在评估时出现由于缺乏信息和证据而无法做出公正客观评价的情况。

（3）测量绩效与改进绩效。

在日常观察员工工作的过程中，管理者需要及时向员工反馈其工作表现，对于符合公司要求的行为应该给予肯定，对于员工的工作结果、工作行为与绩效目标之间出现了明显或较大偏差的情况，管理者应该及时指出并纠正，帮助员工找出改进措施，而不是“秋后算账”。

（4）评估员工绩效。

①人力资源部于每月28日前通知各部门及经营单位，安排月度员工绩效考核工作。

②每月第1~2工作日，有关部门核算上月各项指标数据的完成情况，并提供给相关部门。

③每月第3~4工作日，各考核主体根据核算出的上月各项指标的完成情况及员工日常工作检查记录，对员工进行考核。

（5）绩效反馈。

①每月第5~6工作日，由考核主体与员工进行绩效沟通，如果达成了绩效目标，对员工进行肯定与鼓励。

②如果员工没有达成绩效目标，则与员工分析未能达成目标的原因，并商讨绩效改进措施。

③沟通结束后，双方确认绩效考核结果，当意见不一致时，考核主体有决定权。

（6）填写绩效考核表，并报人力资源部。

经过绩效反馈后，各考核主体填写绩效考核表，确认员工绩效考核结果，由部门汇总员工绩效考核表并统计员工绩效考核结果，经主管领导审核后，将考核表及本部门员工绩效考核结果于每月第7个工作日报送人力资源部。

（7）员工申诉。

每月第7个工作日，员工对考核主体确定的绩效考核结果如有异议可提出申诉，超过申诉时间视同认可绩效考核结果。

人力资源部每月第8~9个工作日对员工的考核申诉进行调查处理，并将调查处理结果报人力资源部主管领导审核，总经理审批。

（8）绩效考核结果的运用。

人力资源部组织执行绩效考核结果的实施，并对所有考核材料进行分类整理和归档。

（六）绩效考核结果运用

绩效考核结束后，评价结果除了用于管理者和员工共同探讨绩效改进以外，通常将其作为绩效薪酬分配的重要依据，但一些企业往往仅关注这一点，而对其他的应用较少涉及。如通过对绩效考核结果的分析，可以作为判断员工是否适合现有岗位，是否需要调整岗位的依据；将绩效考核结果优秀作为员工升职的必要条件，以鼓励员工努力提高绩效；通过对绩效考核结果的分析，来判断员工需要什么样的培训，以提高员工的履职能力，进而提高工作绩效等。

当然，在员工绩效考核结束后，通常我们会对其直接考核得分进行等级划分，确定不同等级的绩效考核系数，以利于进行绩效考核结果的应用。如果直接以考核分数作为各种考核结果运用的依据，人们可能会很计较考核得分的细微差别，增加绩效考核的压力。

1. 绩效考核结果等级的划分

根据员工月度或年度绩效考核分数划分为A、B、C、D、E、F六个等级，每一等级对应考核实得分数及绩效考核系数，如表5-2所示：

表5-2　绩效考核系数表

考核等级	A	B	C	D	E	F
实得分数K1	K1＞95	90≤K1≤95	80≤K1＜90	70≤K1＜80	60≤K1＜70	K1＜60
考核系数	1.1	1	0.9	0.8	0.7	0

2. 月度绩效考核结果的应用

（1）月度考核结果与员工的月度绩效奖金挂钩，其挂钩方法如下：

实发绩效奖金=应发绩效奖金×月度绩效考核系数

具体挂钩办法详见《H公司薪酬管理办法》。

（2）在月度绩效考核中出现以下情况时，分别给予诫勉谈话、书面警告、免职、调整岗位或解除劳动合同。

①连续2个月度被评为E等及以下等级的，由直接上级进行诫勉谈话。

②连续3个月度被评为E等及以下等级的，给予书面警告。

③连续4个月度或年内累计5个月度被评为E等及以下的部门负责人，视为不胜任本职工作，视情况调整其岗位或给予免职处理。

④连续4个月度或年内累计5个月度被评为E等及以下等级的员工，视为不胜任本职工作，视情况调整其岗位或解除劳动合同。

（3）在月度绩效考核中出现以下情况时，安排在岗培训或离岗培训。

①连续3个月度被评为E等及以下等级的，且并非工作态度的原因造成的，则安排在岗培训计划，培训计划完成后进行培训评估，达到要求的继续在岗工作，否则就安排离岗培训，离岗培训期间的薪酬待遇按公司相关规定执行。

②连续4个月度或年内累计5个月度被评为E等及以下等级的员工，且暂时不调整其岗位或解除劳动合同的员工，安排离岗培训，培训结束后，可重新上岗，否则调整其岗位或解除劳动合同，离岗培训期间的薪酬待遇按公司相关规定执行。

3. 年度考核结果的应用

（1）年度考核结果与员工的年度奖金挂钩，其挂钩方法如下：

实发年度奖金=应发年度奖金×年度绩效考核系数

具体挂钩办法详见《H公司薪酬管理办法》。

（2）年度考核结果与员工的薪酬调整挂钩，考核结果为B等及B等以上等级的员工具有增加薪资的资格。具体办法详见《H公司薪酬管理办法》。

（3）年度考核结果与员工的年度评先挂钩。年度考核结果在B等及B等以上等级的员工，才具备评先的资格。

（4）年度考核结果与员工职务晋升及职级晋升挂钩。年度考核结果在C等及以下的员工，不具备职务晋升及职级晋升的资格；年度考核结果在B等及以上的员工，其考核结果计入职务晋升及职级晋升考核成绩的一部分；年度考核结果A等及以上的员工在职务晋升及职级晋升中优先考虑。

（5）年度考核结果与员工培训挂钩。年度考核结果在B等及以上的员工优先安排公费送外培训；优先安排自费培训假期。

（6）员工的年度考核结果为E等及以下等级的，视情况调整其岗位或解除劳动合同。

（7）年度考核结果为F等或连续2年的年度考核结果为E等的，解除劳动合同。

四、绩效考核指标设计

选择和确定什么样的绩效指标是考核中一个重要的同时也比较难于解决的问题。使用哪些指标来评价员工的绩效，反映了公司所关注的重点，这实际上是向员工传递组织的期望。员工由此可以知道，公司重视员工什么方面的表现、希望员工具有哪些能力和什么样的工作态度，自己应该朝什么方向努力。因此，绩效考核指标对员工的行为具有导向作用。

确定绩效目标，也就是要选择绩效指标及其衡量标准。公司的绩效目标需要层层分解，将公司目标从公司分解到部门，再进一步分解到每个岗位，使得每个岗位的员工都承担相应的目标任务，并最终为实现同一个组织目标而努力。由于绩效考核本身需要花费管理者和员工的时间，公司的绩效考核不可能事无巨细地面面俱到，因此考核指标不宜过多，只能选取反映考核周期内的工作重点或岗位职责中的关键性工作指标来进行考核，许多企业通常都使用关键绩效指标法（KPI）来选取绩效指标。

除了使用KPI指标，一般来说，公司还需要对员工在考核期内的其他常规性工作完成情况进行考核，以防止员工工作中顾此失彼或主管在考核时以偏概全。

H公司绩效考核拟采用关键绩效指标法（KPI），将公司战略目标层层分解，即将公司战略目标和部门的主要职责相结合，选取几个相应的关键绩效指标来考核，同时在绩效考核指标的设计时充分表达公司实施差异化的竞争战略、强化新产品的开发、提升新产品销售收入这一战略意图。

在设计公司研发部、销售部、生产部的绩效考核指标之前，我们需要首先确定公司级的KPI指标，设计公司级KPI指标时，我们借助平衡计分卡的思想从财务、顾客、运营、学习与成长等四个方面来选取指标。在设定具体的绩效考核指标及标准时要遵循SMART原则。

知识摘要 3

平衡计分卡

平衡计分卡是由罗伯特·S·卡普兰（Robert S·Kaplan）和大卫·P·诺顿（David P·Norton）共同开发，于1992年提出的一种新的组织绩效评价工具。在1998年的一项调查中显示，在"财富1000强"中约有60%的企业运用了平衡计分卡来设计企业经营绩效的评价体系（Silk，1998）。

平衡计分卡是战略绩效管理的有力工具。平衡计分卡以公司战略为导向，寻找能够驱动战略成功的关键成功因素（CSF），并建立与关键成功因素具有密切联系的关键绩效指标体系（KPI），通过关键绩效指标的跟踪监测，衡量战略实施过程的状态并采取必要的修正，以实现战略的成功实施及绩效的持续增长。

平衡计分卡为管理者提供了一个全面的框架，用以将公司的战略目标转化为一套系统的绩效指标和目标体系。平衡计分卡从财务、顾客、内部流程、学习和成长四个角度关注企业的绩效（见图5-3），并就这四个方面的关键因素建立指标和目标体系。

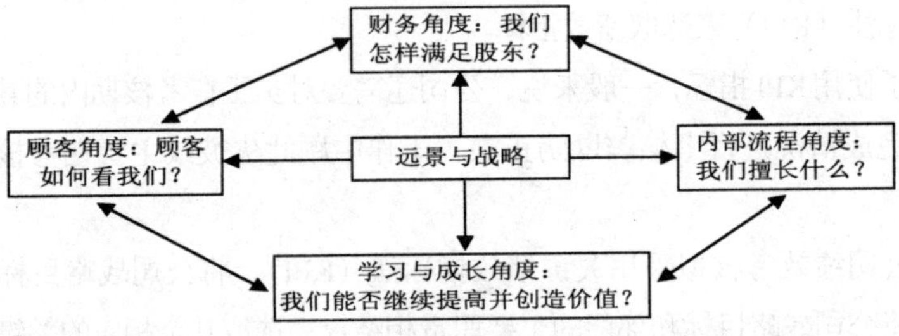

图5-3 平衡计分卡

知识摘要 4

关键绩效指标法

关键绩效指标法（Key Performance Indicators，KPI）是目标管理法与帕累托定律（Pareto Principle，也称80/20法则）的有机结合。KPI法在分析和归纳出支撑企业战略目标的关键成功因素（Critical Success Factors，CSF）的基础上，对企业的战略目标进行全面的层层分解，从中提炼出企业、部门和岗位的关键绩效指标。其核心思想是，企业80%的绩效可通过20%的关键指标来把握和引领，企业应当抓住主要矛盾，重点考评与实现战略目标关系最密切的那些关键绩效指标。与其他方法相比，KPI法从繁多的绩效指标中提炼出少数关键指标来进行考评，在减少了对员工束缚的同时，还大大降低了绩效管理的成本，不仅有利于提高绩效管理的效率，还有利于增强企业的核心竞争力。

关键绩效指标是连接个体绩效目标与组织战略目标的一个桥梁。KPI是把企业的战略目标分解为可操作的工作目标的工具。在设计关键绩效指标时，首先应明确企业的战略目标，找出业务重点，并确定这些关键业务领域的关键绩效指标（企业级KPI）。然后，各部门的经理根据企业级KPI来制定本部门的KPI（如图5-4所示）。

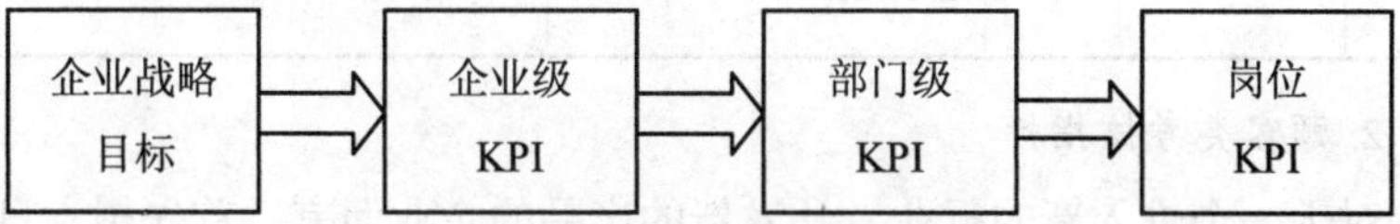

图5-4 目标分解图

绩效计划的制订过程是上下级双方就目标及如何实现目标达成共识的过程，管理者给下属确定工作目标的依据来自部门的KPI，部门的KPI来自企业级KPI的分解。这样，就能把企业目标、部门目标和个人目标协调一致，确保每个员工都是朝企业战略方向去努力。

（一）公司关键绩效考核指标设计

1. 财务类绩效指标

H公司强调要实施差异化竞争战略，通过不断开发新产品，持续保持公司的市场竞争地位。为体现这一战略思想，在通常的财务指标中要强调新产品的销售收入在总销售收入中的比率，甚至强调新产品利润在总利润中的比率，以引导各部门努力开发新产品，提高新产品的销售收入。

表 5–3　财务类考核指标表

序号	考核指标	权重	计分方法	说　明
1	净利润	30%	(实际值/目标值)×权重	考虑到公司目前重在开拓和抢占市场,提高市场占有率,故利润权重设计相对较小。
2	销售收入	20%	(实际值/目标值)×权重	目前阶段公司提高销售收入是主要矛盾,故销售收入权重设计相对较大。
3	新产品贡献率	10%	(实际值/目标值)×权重 (新产品贡献率=新产品的销售收入/总销售收入×100%)	为体现对新产品的开发与销售的重视,专门设计新产品销售收入占总销售收入的比率这一考核指标。

2. *顾客类考核指标*

对于一个进入新的行业、开发新的产品的企业而言，首先树立良好的口碑，赢得顾客的信任非常重要。同时由于是进入新行业、开发新的产品且需要不断地开发新产品以保持领先的竞争优势，则不可避免地会带来一些产品质量（如产品的稳定性、某些缺陷等）问题，因此需要通过设计一些相应的考核指标来引导大家提高售前、售中以及售后服务水平，以化解因产品质量问题所带来的负面影响。

表 5–4　顾客类考核指标表

序号	考核指标	权重	计分方法	说　明
1	客户满意度	10%	抽样调查。	吸引与保留客户,帮助提高市场份额。
2	投诉处理率	10%	投诉有效处理数占总投诉的比率。	强化投诉处理的效率。

3. 内部运营考核指标

由于H公司是新成立的公司，在新建期间，需要注重内部管理的规范，以保证内部管理的有序进行，除此之外，还应注重组织运行效率的提升。

表5–5　内部运营考核指标表

序号	考核指标	权重	计分方法	说明
1	制度健全	5%	明确相关制度，每缺少1个扣1分，扣完为止。	建立健全核心管理制度、流程，建立内部经营管理秩序。
2	组织执行力	5%	员工间卷调查。员工对组织执行力的认可度低于80%，每降低5%扣1分。	倡导执行力文化。

4. 员工学习与成长考核指标

公司作为一个采取差异化竞争战略的企业，对员工的知识与技能水平、创新能力都要求较高，因此，员工的学习与成长显得尤为重要，公司应该将培训作为一项重要的人力资本投资来抓，同时应对公司的产品创新、技术创新、管理创新能力提出较高的要求。

表5–6　员工学习与成长考核指标表

序号	考核指标	权重	计分方法	说　明
1	员工培训时间	5%	（员工人均培训时间/目标时间）×权重。	通过增加培训投资或提高员工培训时间，提高员工知识技能水平。
2	获取专利数	5%	低于目标，每少一个扣1分。	对申请专利提出要求，激励员工提高创新能力，最终提高公司产品竞争力。

知识摘要 5

绩效考核指标设计的SMART原则

1. 具体（Specific）——指绩效考核必须是具体的，不能笼统。

2. 可衡量（Measurable）——指绩效指标必须是可以衡量的，数量化或者行为化的。

3. 可达成（Attainable）——指绩效指标在员工付出努力的情况下是可以实现的。

4. 相关（Relevant）——指绩效指标必须和其他目标具有相关性。

5. 有时间限定（Time-Bound）——指绩效指标必须规定具体的时间。

（二）部门关键绩效考核指标设计

部门的考核指标设计要从以下几方面进行考虑：一是要考虑公司级指标中与部门有直接关联的指标，即将公司级的指标分解到部门，如销售收入就直接与销售部相关联，新产品贡献率就与销售部、研发部直接相关联。二是要考虑为实现公司级的分解目标，本部门关键应做什么，即为完成公司级分解的目标，哪些工作是非常关键的，可采用价值驱动因素法来思考和设计考核指标。

1. 销售部考核指标

表5–7　销售部考核指标表

序号	考核指标	权重	计分方法	说　明
1	销售收入	40%	(实际值/目标值)×权重	销售部承担着公司的销售任务。
2	销售费用	10%	(实际值/目标值)×权重	控制费用，提高利润。
3	新产品贡献率	20%	(实际值/目标值)×权重(新产品贡献率=新产品的销售收入/总销售收入×100%)	为体现对新产品的开发与销售的重视，专门设计新产品销售收入占总销售收入的比率这一考核指标。

（续表）

4	市场占有率	10%	销售收入/市场总量×权重	在公司进入新的产品领域时，要快速地扩大市场份额，取得竞争优势。
5	客户满意度	10%	抽样调查。	吸引与保留客户，帮助提高市场份额。
6	投诉处理率	10%	投诉有效处理数占总投诉的比率。	强化投诉处理的效率。

2. 研发部考核指标

表5–8 研发部考核指标表

序号	考核指标	权重	计分方法	说 明
1	新产品开发量	50%	完成新产品开发目标，每少2个新产品扣10分。	强化新产品开发力度。
2	新产品贡献率	30%	（实际值/目标值）×权重（新产品贡献率=新产品的销售收入/总销售收入×100%）	为体现对新产品的开发与销售的重视，专门设计新产品销售收入占总销售收入的比率这一考核指标，促使设计人员关注产品的市场表现。
3	设计成本	20%	（实际设计成本/目标设计成本）×权重	强化设计成本控制。

3. 生产部考核指标

表5–9 生产部考核指标表

序号	考核指标	权重	计分方法	说 明
1	生产量	50%	（完成产量/目标产量×权重）	强化生产任务的完成。
2	生产成本	20%	（实际生产成本/目标生产成本）×权重	强化生产成本控制。

（续表）

3	产品质量	15%	（实际合格年/目标合格率）×权重	强化产品质量控制。
4	订单履行率	15%	（实际完成数/目标数）×权重	为避免生产部门选择性（选择量大、老产品生产）地进行生产，造成订单履行率低，导致客户满意度下降。

● 学习案例

华为专注于成果的绩效考核体系

华为绩效考核遵循实用主义原则，从绩效评价体系到绩效考核过程，再到考核结果的应用都是围绕成果（价值）展开的，这也是华为绩效看似与普通绩效管理无异，实则大放异彩的原因所在。

一、基于价值的考核体系

华为的绩效考核体系建立在企业价值的基础上。华为基本法作为华为的管理大纲，指明了以下基于价值的绩效考核理念：劳动、知识、企业家和资本创造了公司的全部价值；建立一支庞大的高素质、高境界和高度团结的队伍，以及创造一种自我激励与自我约束的机制是绩效考核的目的；"公正、公平和公开"是绩效考核的原则；共同的价值观、挑战性目标任务、现有的能力和工作潜力是绩效考核的依据和标准；绩效考核的责任权利——记录、掌握、指导、支持、协调、评价、约束与激励下属人员的工作，是各级管理者的权利和责任。

二、用过程思维构建绩效体系

华为以目标为导向架构绩效体系，同时将考核视为一个管理过程，即部门绩效、个人绩效以实现企业价值创造为根本，并依赖管理者推动，而管理者需要完成本人的绩效，负责所辖员工、部门和流程的绩效。对于管理者而言，这是一个改进绩效管理以实现部门绩效提升的过程。

1.华为的绩效理念

华为认为所谓绩效，简单地讲就是事物运动过程，如业务运作过程中所表现出来的状态或结果，并可通过客观考核和主观评估等手段表现出来。华为强调管理者在绩效管理中要实现以“效率”和“效果”为目标。

2.华为的绩效体系

华为的绩效体系分为三个部分，即KPI设计、绩效考核和绩效考核结果应用。其中KPI设计过程为：

（1）确定战略目标，包括行业中的领先地位、总规模、竞争能力、市场占有率、收入和盈利增长率、投资回报率以及企业形象等。

（2）确定业务重点。关键绩效的确定需要确定业务重点，业务重点采用鱼骨图进行分析。

（3）确定KPI。外向导向法–标杆基准法，即通过对比企业自身和业界企业的相同绩效行为，发现差距，找出原因，从而设计KPI。内部导向法（基于企业战略的成功关键设计法），即企业基于自身优势和劣势、愿景等实际情况采用因素分析法和流程分析法建立KPI。综合平衡记分卡，即基于客户、财务、运营和人员等方面构建KPI。

三、实行PBC计划

华为实行严格的PBC(Personal Business Commitment，个人业务承诺)计划。每个员工都要在年初制订自己的PBC，列举出3个目标以及所需采取的行动。制订PBC时，员工个人与其直属经理共同进行商讨，使个人计划与整个部门计划相融合，以保证其切实可行。PBC的考核主要从业绩完成情况、执行力和团队精神这三个方面进行，每个季度经理会协助员工对PBC的完成情况进行考核，到了年末直属经理会给下属的PBC打分，下属也会对直属经理的PBC打分。每一名员工工资的涨幅，都会以PBC的实现情况为关键的参考指标。

四、绩效考核等级结果运用

华为绩效考核等级结果直接应用于最重要的应用奖金、股权、晋升、降职和淘汰。以等级工资制员工为例，绩效考核等级分为A（优秀）、B（良好）、C（称职）、D（基本职称）和E（不称职）。

（1）绩效考核等级决定绩效工资、月度奖金和年度奖金

表1　考核等级与相应的绩效工资分配比例

公司整体业绩完成 / 工资支付比例（%） / 等级	100%及以上	95%—100%	90%—95%	85%—90%	85%以下
A（优秀）	100	95	90	85	50
B（良好）	100	90	80	70	50
C（称职）	100	80	70	60	50
D（基本称职）	90	75	65	55	50
E（不称职）	80	70	60	50	50

表2　月度考核等级对应的分配比例

等级	A等（优秀）	B（良好）	C（称职）	D（基本职称）	E（不称职）
标准	40%月基本薪酬	30%月基本薪酬	20%月基本薪酬	10%月基本薪酬	无
比例（%）	5	20	50	20	5

注：基本薪酬=基本工资+绩效工资

表3　年度考核等级对应的分配比例

等级	A等（优秀）	B（良好）	C（称职）	D（基本职称）	E（不称职）
标准	1月基本薪酬	80%月基本薪酬	60%月基本薪酬	50%月基本薪酬	无
比例（%）	5	20	50	20	5

注：基本薪酬=基本工资+绩效工资

（2）绩效考核等级影响晋升和辞退

绩效考核等级还影响晋升和辞退等。基本称职及以上者，可在本职等内晋升一级，优秀者可在本职等内晋升两级。主管以下或薪资在五等以下者，连续两年为良好及以上者，可晋升一个职等；主管及以上或薪资在五等及以上者，连续三年考核为良好及以上者，可晋升一个职等。考核不称职的免晋级，连续两次月度考核不称职给予警告，累计三次月度考核不称职或连续两次年度考核不称职则辞退。

（资料来源：孙科柳.华为绩效管理法.北京：电子工业出版社）

任务六
员工激励机制设计

企业的竞争实质上是人才的竞争。如何吸引、留住并激励人才为企业服务，成为企业管理者必须考虑的重要问题之一。一般来说，人才尤其是核心人才的流失，将直接动摇企业的竞争地位。因此，企业必须采取合适的激励措施，来留住人才并使他们保持高效的工作状态。

一个人愿意做某件事的原因无外乎两个：喜欢做（主动），或者不得不做（被动）。要使员工承担某项工作或完成某项任务，管理者也有两个办法：激励员工，使之乐意甚至主动要求去完成任务；或者采取强制手段迫使员工去接受任务。心理学家认为，由于缺乏动力和积极性，一个人在被迫的情况下难以很好地完成任务，也不可能长期地胜任某项工作。因此，相比之下，激励员工并使之努力工作的方法更可取，也更可靠。

激励是指组织通过设计适当的奖酬形式和工作环境，以一定的行为规范和惩罚措施，借助信息沟通，来激发、引导、保持和规范组织成员的行为，以有效地实现组织及成员个人目标的系统活动。在企业里面，激励就是管理者利用某种诱因激发员工的工作积极性、提高员工的努力程度进而使其为企业创造更多价值的过程。

管理是通过他人去实现组织目标的过程，因此，激励他人也是管理者必备的重要技能之一。一个管理者如果不懂得怎么去激励手下的员工，那么他就无法调动员工的积极性和激发员工的工作热情，难以使得员工保持好的工作状态和取得良好绩效，最终导致组织目标不能顺利实现。实践证明，有些“糟糕的”经理甚至还可能挫伤员工的积极性，使得有能力的下属纷纷离职。

企业的激励机制包含竞争精神，它的运行能够创造出一种良性的竞争环境，进而形成良性的竞争机制。在具有竞争性的环境中，组织成员会受到环境的压力，这种压力将转变为员工努力工作的动力。按照麦格雷戈（Douglas M·Mc Gregor）的说法：“个人与个人之间的竞争，才是激励的主要来源之一。”

● 背景材料

H公司的人才流失问题

W集团新设立的生产小家电的H公司，大部分人员都来自母公司。近几个月公司的员工流动率偏高，尤其是销售部，近几个月就走了不少，剩下的员工中还有不少正在准备跳槽。过于频繁的人员离职已经影响了团队的稳定性和工作的连续性。

H公司目前拥有一支经验丰富的员工队伍（大部分都曾在母公司W集团服务多年），员工综合素质相对较高——这也常常引来竞争对手“挖墙脚”。但整个公司的员工工作状态欠佳，积极性不高，主动性差，部分员工请假去其他公司面试，许多员工在私下里讨论哪家公司在招聘、去哪家企业好、自己准备应聘什么岗位、什么时候离职等情况。目前的人力资源管理仅局限于日常事务性的工作，公司正面临高素质人才流失的风险。如果不及时采取有效措施，将会造成公司部分专业人才青黄不接的局面，并且肯定会影响公司的迅速成长。

● 任务要求

设计H公司的激励机制，优化（完善）销售人员激励措施，以降低员工流动率，减少人才流失。

● 解决方案

一、总体设计思路

激励是通过影响人的需要或动机来达到引导人的行为的目的。它实质上是一种对人的行为的引导和强化过程（如图6-1所示）。人的需要（Need），既可以是生理上或物质上的需要，也可以是心理上或精神上的需要（如追求社会地位或事业成就）。一个人的各种需要中，占主导地位的最重要、最强烈的需要（即主导需要）决定了他/她的动机。动机（Motive）是促使人们行为产生的直接原因，它引起、维持行为并指引行为去满足某种需要。组织通过提供相应的报酬来满足员工的需要和动机，从而促使员工去产生某种行为，以满足其个人需要，同时也实现了组织的目标。

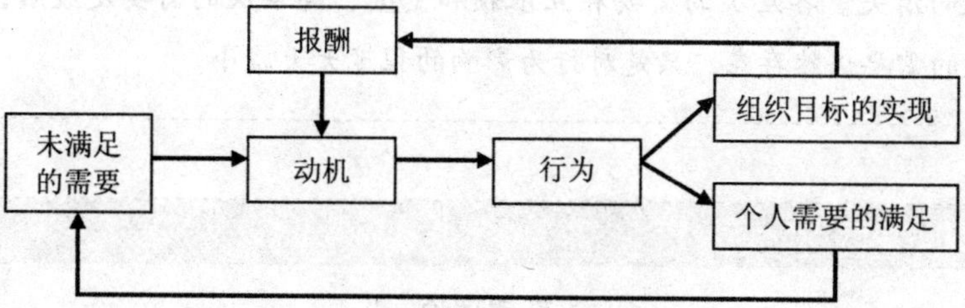

图6-1 激励与行为的过程

企业都希望能留住它最好的员工，激励他们达到并保持更高的绩效水平。要实现上述任务目标，管理者首先需要明晰公司的发展目标，了解员工的需求（个人目标）和激励现状，再结合公司目标和员工个人需求来设计或调整相应的激励措施，综合使用物质激励与精神激励手段，调动员工的工作积极性，实现员工个人和企业双方的可持续发展，从根本上解决人才流失问题。

知识摘要 1

马斯洛的需要层次理论

马斯洛的需要层次理论（Maslow's hierarchy of needs），或称“基本需要层次理论”，由美国心理学家亚伯拉罕·马斯洛在论文《人类激励理论》（1943）中所提出。该理论将个人的基本需要分为五个层次，像阶梯一样从低到高，逐级递升，它们分别为：生理上的需要、安全上的需要、情感和归属的需要、尊重的需要、自我实现的需要。

一般来说，某一层次的需要相对满足了，就会向高一层次发展，追求更高一层次的需要就成为驱使行为的动力。相应的，获得基本满足的需要就不再是一股激励力量。

同一时期，一个人可能有几种需要，但每一时期总有一种需要占支配地位，对行为起决定作用。任何一种需要都不会因为更高层次需要的发展而消失。各层次的需要相互依赖和重叠，高层次的需要发展后，低层次的需要仍然存在，只是对行为影响的程度大大减小。

知识摘要 2

期望理论

期望理论（Expectancy Theory），又称做“效价—手段—期望理论”，是由北美著名心理学家和行为科学家维克托·弗鲁姆（Victor H. Vroom）于1964年在《工作与激励》中提出来的激励理论。

期望理论是以三个因素反映需要与目标之间的关系的，要激励员工，就必须让员工明确：(1) 工作能提供给他们真正需要的东西；(2) 他们欲求的东西是和绩效联系在一起的；(3) 只要努力工作就能提高他们的绩效。这种需要与目标之间的关系用公式表示即：激励力=期望值×效价。激励（motivation）取决于行动结果的价值评价（即“效价”valence）和其对应的期望值（expectancy）的乘积。这种需要与目标之间的关系可以表示为：“个人努力——→个人成绩（绩效）——→组织奖励（报酬）——→个人需要”

知识摘要 3

强化理论

强化理论（Reinforcement Theory）是美国心理学家和行为科学家斯金纳（Burrhus Frederic Skinner）等人提出的一种理论，也叫操作条件反射理论、行为修正理论。斯金纳认为，人们做出某种行为或者不做出某种行为，只取决于一个影响因素，那就是行为的后果。他提出了一种"操作条件反射"理论，认为人或动物为了达到某种目的，会采取一定的行为作用于环境。当这种行为的后果对他有利时，这种行为就会在以后重复出现；不利时，这种行为就减弱或消失。人们可以用这种正强化或负强化的办法来影响行为的后果，从而修正其行为。

斯金纳区分了两种强化类型：正强化（ positive reinforcement，又称积极强化）和负强化（negative reinforcement，又称消极强化）。当在环境中增加某种刺激，有机体反应概率增加，这种刺激就是正强化。当某种刺激在有机体环境中消失时，反应概率增加，这种刺激便是负强化，是有机体力图避开的那种刺激。

二、激励机制诊断

（一）目前激励状况调查

在进行方案设计前，首先必须先做调查。一般来说，写在辞职信上的那些理由，诸如"身体健康状况"、"家里特殊情况"、"个人兴趣"等等，往往都不是真正的原因。所以，必须通过调查找到导致员工跳槽的真正原因，然后才能采取相应的对策。销售部人员的频繁跳槽，无论对公司的业绩还是员工心理都将是个沉重打击。如果处理不当，后果会很严重。

1. 调查计划

调查目的：了解目前公司员工的激励状况和管理者在激励他人方面的技能水平，识别激励不足或激励不当的问题，并找到导致这些问题的原因。

调查对象：调查全公司范围内所有员工，其中重点调查销售部的员工。

调查时间：三天。

调查内容：员工的需求和激励状况，管理人员的激励技能。

调查方式：问卷（详见工具1、2、3），访谈（详见工具4）

工具1

组织激励状况调查表

在每项问题的右边填上阿拉伯数字1~5，衡量你所在的组织与这些问题的符合程度。打分标准如下：1=完全不符，2=有一点相符，3=某种程度上相符，4=大部分相符，5=完全相符。

1. 组织内的员工积极主动，工作热情高。
2. 员工工作非常积极。
3. 员工的工作态度向上。
4. 员工的工作效率高。
5. 员工能够自觉节约组织的资源。
6. 组织围绕客户展开工作。
7. 组织内能被迅速发现并排除不安全因素。
8. 员工与组织像是业务合作伙伴。
9. 员工有很强的荣誉感。
10. 员工清楚地知道组织的使命和价值观。
11. 员工能参与组织的战略规划。
12. 组织鼓励员工在工作中自主发挥作用。
13. 员工能够参与制定重大的生产决策。
14. 组织授权员工改进工作方式。
15. 组织鼓励员工与客户及供应商密切合作。
16. 组织鼓励员工积极参与解决问题。
17. 组织上下一心，使员工在工作中能够发挥能力。
18. 组织激励员工努力实现更高的目标。
19. 能够迅速发现并解决妨碍工作效率的问题。
20. 个人权益受到尊重。
21. 组织内政策和规定都是十分必要的。

22. 上下级之间交流十分有效。
23. 组织内部信息沟通顺畅。
24. 管理层让员工充分了解做任何重大决策的原因。
25. 管理层和员工之间交流频繁。
26. 高层管理人员经常与员工会谈。
27. 组织信息公开。
28. 各种会议组织得当，效率高。
29. 公司的宣传材料有助于宣传公司形象。
30. 管理层对员工的要求和关注点高度负责。
31. 员工对管理层的信任度很高。
32. 劳资纠纷能够得到迅速而有效的解决。
33. 管理层勇于对失误承担个人责任。
34. 组织鼓励员工担当领导职责。
35. 员工获得极大鼓励和高度认可。
36. 表现优秀的员工能够得到奖励。
37. 个人成果和团队成绩都能够得到恰当的奖励。
38. 奖惩分明。
39. 组织鼓励和奖励创造性工作。
40. 员工对自己的薪酬感到公平。
41. 员工愿意承担物质奖励的部分成本。
42. 员工感觉自己的建议能够得到管理层的重视。
43. 员工的建议能够得到迅速而积极的答复。
44. 组织所有成员都致力于不断地进步。
45. 部门之间的沟通没有障碍。
46. 员工和管理层相互高度信任。
47. 组织提倡高度的团队协作精神。
48. 部门之间及时沟通，高度合作。
49. 组织管理层把问题当成改进工作的机会，而不是障碍。

50. 组织大力提倡学习。

51. 组织鼓励员工互相学习。

52. 培训后不断有后续活动。

53. 员工参与制定培训决策。

54. 在决定工作要求、考评标准时，组织征求员工的意见。

55. 员工认为绩效评估是提高业绩的积极手段。

56. 进行自我评估和同事之间的相互评估。

57. 员工认为组织制定的纪律体现出公平合理。

58. 员工在工作上精益求精。

59. 缺勤旷工的现象非常少。

60. 在组织内工作员工感觉干劲十足。

总分（　　）

将所有的得分加起来得出总分（如果参加调查的对象是一个小组，可计算出每个问题得分的算术平均值）。将总分除以300，得到一个百分数，百分数越高说明组织的激励程度越高。

90%~100%，你所在的组织具备高度有效的激励机制；

80%~89%，你所在的组织正在不断提高激励水平；

70%~79%，你所在的组织具备激励型组织的一些基本特点；

60%~69%，你所在的组织激励程度略高于平均水平；

50%~59%，你所在的组织激励程度处于平均水平；

低于50%，你所在的组织激励程度低于平均水平。

（资料来源：梅尔·西尔伯曼. 咨询师的工具箱. 北京：机械工业出版社. 2002）

工具2

员工需求调查表

请你完成下面问卷，共15个需求方面的问题，请将你最希望得到的填15分，其次的为14分，依次递减，最无所谓的填1分。

1. 工作具有有效性和挑战性。

2. 公司里同事间关系融洽，互相支持和信任。

3. 感觉到是公司的成员，有归属感。

4. 达成目标的人能参与工作目标的制订。

5. 工作绩效与经济奖励直接挂钩，绩效考评能起到激励作用。

6. 我对我的工作是满意的，它对我是有益的。

7. 能从工作中得到友谊。

8. 我认同公司的人才理念。

9. 我们可以参加并影响决策。

10. 报酬、奖励是公平合理地分配的。

11. 我的工作可以使我不断成长和提高我的能力。

12. 领导信任手下，可以让手下按自己喜欢的方式完成工作。

13. 公司有强劲的文化气息，让我们有一种家的感觉。

14. 我的建议能得到上司的重视。

15. 公司提出的各项奖励计划总是能紧跟我们的需求。

（资料来源：梅尔·西尔伯曼. 咨询师的工具箱. 北京：机械工业出版社. 2002）

工具3

激励他人的自我评估表

思考一下在日常事务中当别人需要你的激励时你的做法。评估尺度如下：1=非常不同意，2=不同意，3=稍有不同意，4=基本同意，5=比较同意，6=非常同意。

1. 在处理绩效问题时，我首先确定它是由于缺乏激励还是能力不足所导致的。

2. 我为所期望的绩效设立一个明确的标准。

3. 我试图提供培训和信息，而不是亲自去完成任务。

4. 我能够坦诚地为员工提供绩效反馈并评估晋升机会。

5. 我采用多种奖励方式来强化员工的出色表现。

6. 当需要惩戒时，我会给出具体的改进建议。

7. 我对工作任务进行设计，以使它们具有趣味性和挑战性。

8. 我尽力提供与每个人价值相符的报酬。

9. 我确保人们能感受到公平和平等对待。

10. 我确保人们能够从受他们工作绩效影响的人那里得到及时的反馈。

11. 在采取任何纠正或惩戒行动之前，我会仔细地诊断导致拙劣绩效的原因。

12. 我帮助人们确立富于挑战性的、具体的、有时限的绩效目标。

13. 只有在万不得已时，我才会重新分派或解雇一个绩效差的人。

14. 只要有可能，我就会确保高绩效的员工能得到高报酬。

15. 当员工付出的努力低于期望的标准和他的能力水平时，我会给予惩戒。

16. 我把工作进行组合或轮换，从而使人们能够使用多种技能。

17. 我安排一个人跟团队内其他人一起工作，以便大家都能相互支持。

18. 我确保人们能够使用现实的标准去衡量公平性。

19. 对于有意义的成就，我会立即给予表扬和其他方式的肯定。

20. 我总是要确定一个人是否具有必要的资源和支持来完成一项任务。

（资料来源：大卫·A. 威坦，金·S. 卡梅伦. 管理技能开发. 北京：清华大学出版社. 2004）

工具4

关于员工离职问题调查的访谈提纲

1. 你有过跳槽的念头吗？从什么时候开始的？为什么？（了解员工产生离职念头的时间和原因）

2. 你认为，促使你的同事辞职的原因是什么？（了解什么是引发员工辞职的原因和“导火索”）

3. 在什么样的环境下工作，你觉得有干劲？（了解员工期望的工作环境）

4. 据你所知，此前跳槽的同事现在过得怎样？（对比，判断在职员工的态度）

5. 要让大家愿意留在公司安心工作，你认为公司必须要有哪些变化？（了解员工渴望哪些变革）

……

2. 调查结论

（1）销售人员想要离职的主要原因是收入太低。

大部分销售人员都坦言促使他们想要离职的主要原因是收入太低。H公司沿袭了W集团的薪酬模式，员工的工资水平主要取决于其管理层级，整个公司分为高管、部门经理、主管和员工四个等级，每提高一个等级，工资大幅度增加。例如：基层员工的工资为1，主管的工资则为1.3，部门经理的工资为2，总经理的工资为4（详见表“H公司不同级别的岗位工资系数”）。其中，工资的70%作为基本工资（固定部分）按月发放，剩下的30%作为绩效工资（浮动部分），要到年底根据公司当年的效益发放。如果公司效益好，那么这部分绩效工资可以足额发放，甚至还可以有相当于2~3个月工资的年终奖金。

表6–1　H公司不同级别的岗位工资系数（公司总部，不含生产车间）

级别	职员	主管	副经理	经理	副总经理	总经理
工资系数	1.0	1.3	1.6	2.0	3.0	4.0

另外，销售人员按照个人的销售业绩可以得到一定的提成收入。以前W集团的空调产品畅销时，销售人员的提成还比较丰厚，年终奖也全公司人人有份。H公司因为刚组建不久，销售情况自然不怎么样。集团也考虑到了这个特殊情况，所以，去年结算的绩效工资和年终奖，H公司都是参照W集团的平均水平发放。不过由于空调行业竞争激烈，集团去年的效益差了，勉强保证了没有亏损，大家拿到了绩效工资，但是都没有年终奖。销售人员拿到的提成也很少（相对于往年在W集团销售空调时），他们认为公司的新产品（空气净化器）在市场上还需要一段时间才能树立品牌，而在此之前，销售额很难大幅增

长，当然他们的提成也相应地增长缓慢。虽然，跟其他部门相比，销售人员的全年收入要高一些（因为有销售提成），但是销售人员认为这个差异并不明显，尤其与他们付出的努力和承担的压力更是不匹配。跟同行比——譬如A公司的销售人员——就差得更远了。

（2）大家对升职不抱希望。

除对收入水平不满意外，销售人员也反映，他们对升职不抱希望。虽然现在的王经理就是从一般的销售人员提拔上来的，但他也是在W集团另一家子公司做了6年销售代表后被提拔为销售经理的，组建H公司时，陈总经理亲自申请把他调过来担任H公司的销售经理。按照H公司目前的薪酬制度，不升职就不能加薪。

（3）整体激励水平不高。

回收的全公司的“组织激励状况调查表”和管理者的“激励他人的自我评估表”也反映，目前H公司的整体激励水平不高（56%），管理者在激励员工方面的技能水平也较低。

（二）激励机制诊断结论

1. 薪酬分配不合理，缺乏公平性

按照H公司目前的薪酬制度，员工的工资高低实质上取决于其级别（岗位的管理层级），它并未反映岗位的性质、职责和个人的绩效等方面的差异。同一层级的员工，不管是做销售、设计，还是做财会、后勤，岗位工资都差不多。这样的薪酬分配缺乏内部公平。销售人员普遍感觉收入偏低，跟他们的工作性质和任务难度很不相称。同时，他们还认为自己的收入远远比不上竞争企业的销售人员（市场调查的结果也证实了这一点，虽然差距可能没有销售人员所说的那么大）。这样一来，至少就销售人员而言，H公司的薪酬也缺乏外部公平。根据亚当斯的公平理论（参见知识摘要“公平理论与薪酬的公平”），员工不仅关注自己报酬的绝对水平，而且关注报酬的相对水平，会通过和他人（包括本企业内部的其他员工和企业外部的人）的比较来判断自己所获得的报酬是否公平，并根据判断的结果采取积极或消极的行为。当员工（比如H公司的销售人员）感觉薪酬不公平时，他们就会采取消极行为，甚至主动离职。

公平理论与薪酬的公平

公平理论（Equity Theory）又称社会比较理论，它是美国行为科学家斯塔西·亚当斯提出来的一种激励理论。该理论侧重于研究工资报酬分配的合理性、公平性及其对职工生产积极性的影响。该理论的基本要点是：人的工作积极性不仅与个人实际报酬多少有关，而且与人们对报酬的分配是否感到公平更为密切。人们总会自觉或不自觉地将自己付出的劳动代价及其所得到的报酬与他人进行比较，并对公平与否做出判断。公平感直接影响职工的工作动机和行为。因此，从某种意义来讲，动机的激发过程实际上是人与人进行比较，得出公平与否的判断，并据以指导行为的过程。

薪酬的公平指的是薪酬分配的合理与平等。薪酬公平并不是指薪酬分配结果的均等或平均，而是分配机会、分配尺度、分配过程和分配规则的公平。

内部公平是指员工所获报酬必须与其所在岗位在企业整个岗位体系中的相对价值成正比。个人公平是指当岗位相同时，员工所获报酬与各自的业绩成正比。外部公平是指员工所获报酬必须高于或等于人力资源市场上类似岗位的市场平均薪酬水平。

销售部的人员之所以跳槽，直接原因是对现行的薪酬制度不满，认为自己的报酬太低了。从财务部提供的数据和人事行政部做的市场调查结果来看，H公司的整体工资水平在同行中并不算低（用总经理的话来说应该属于“中等偏上”）。但是目前H公司内部的薪酬差别主要取决于员工的管理层级，而其他因素（比如绩效、岗位性质）对员工获得的薪酬影响不大。而且，如果员工得不到升职，那么他（她）的收入也就基本上停滞不前了。

此外，全公司上下一刀切的“七三开”也不合适。对于基层员工来说，工资本来就不高，每个月还只发70%，可能正常生活都会受影响；而对于那些高管来说，工资水平相对较高（相当于基层员工的三四倍），每月即使只发70%的基本工资也不少了，而30%的绩效工资可能对他们的约束也有限。

H公司员工工资的30%作为绩效工资，要到年底视公司效益好坏才发放。但是这部分所谓的“绩效工资”并不跟员工的绩效挂钩，而是取决于公司的全年效益，因而也不是真正意义上的绩效薪酬，也不可能具有绩效薪酬的激励作用。将员工的收入跟公司效益挂钩，可以激励个人关注并努力服务于公司整体业绩，有其合理的一面。但是，员工收入跟个人绩效无关，这会使大部分员工——尤其是绩效优秀的员工——感觉不公平。

2. 职业路径单一，职业发展机会少

销售人员还有个顾虑——对自己的职业发展前途担忧。在H公司，销售人员的职业发展路径好像很清晰，从业务员到业务主管、销售经理，再到营销副总，但谁都清楚，这条路其实“此路不通”。销售部设经理一名（由于部门人员相对较少，没有设副经理一职）、主管两名。现在的王经理是在公司干了6年后才得到晋升的。而且，王经理也清楚，他自己在H公司的职业发展也基本上是原地踏步了，按正常情况，现在的营销副总还要8年才退休。

在销售这条线要得到升职的机会渺茫，往其他方向跳恐怕更不现实，除了专业知识、技能和经验的限制外，其他部门的管理职位也不多，也是一个萝卜一个坑。其实，大多数员工本不指望能在几年内升职，甚至有的人还宣称不喜欢“当官”——因为“那样会不自由”。但问题是，如果不升职，工资就没法涨。

3. 组织内部人际关系淡漠

回收的“员工需求调查表”显示，大部分员工都渴望“能从工作中得到友谊”。然而，大部分销售人员都有明显的孤独感，他们感觉自己跟公司的关系很简单——就是干活、拿钱。销售部在公司总部有一间比较大的办公室，但除了经理外，其他销售人员都没有固定的办公位置和办公桌。负责后勤管理的人事行政部解释，销售人员一般不需要到公司来，只是在开会时才到办公室来一下，所以不需要配备专门的个人办公设施。

工作中，除了例行公事地办一些内部交接手续外，销售人员跟公司其他部门的人员基本上没有什么来往。而且，销售人员平时大多都在各自负责的市场区域与经销商或代理商一起工作，远离公司总部，空间的隔离也拉大了心理上的距离。此外，销售部内部的交流也很少，每个人负责的市场区域不同，绩效工资和年终奖都只跟个人业绩挂钩，这也可能进一步增加销售人员之间的隔阂。

4. 员工参与度低

调查显示，H公司员工参与管理的程度很低。公司的重大问题，包括公司战略目标和部门目标的制定，都不会征求员工的意见。即使是员工的个人绩效目标，员工本人也没有什么话语权，基本上都是由上司直接确定。

5. 偏重物质激励，忽视精神激励

或许是缘于H公司的创始人经常说的“重赏之下，必有勇夫”，H公司的激励机制着重物质激励，而很少考虑员工的心理需求，缺乏对员工的精神激励。

三、激励机制优化设计

一个企业的激励机制实际上涵盖了企业为员工提供的全面薪酬体系（如图6–2所示）。其中，既有经济方面的报酬——包括用现金支付的部分和非现金支付的部分，也有非经济方面的报酬（如培训和发展的机会、荣誉）；现金激励手段中，又分为固定部分和浮动部分（如图6–3所示）。因此，我们在激励机制设计中应充分考虑这些内容。

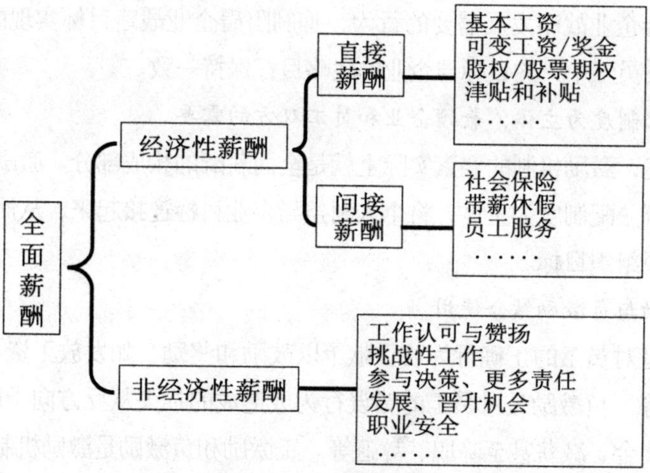

图6–2 全面薪酬的构成

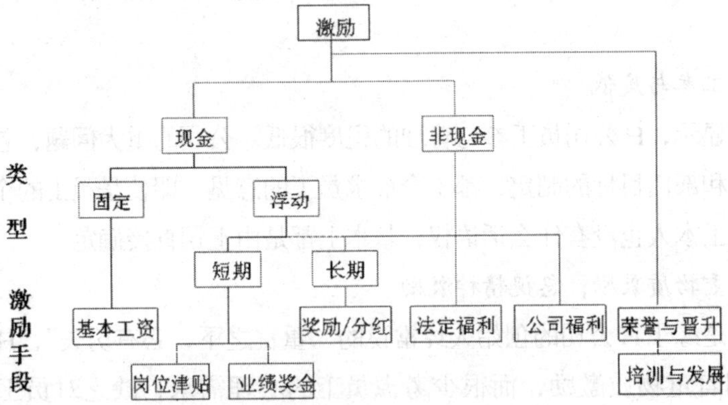

图6-3　激励机制的要素

（一）激励机制设计的原则

设计激励机制必须要分析和研究员工的需求，依照各种激励理论将不同的激励方法加以适当组合。只有对不同的情况区别对待，使用相应的激励手段，才能对团队和员工个人实施有效的激励。同时，在设计激励机制时应该遵循一定的原则，以指导激励机制的设计方向，达成预期的目标。

1. 以企业战略为核心

激励机制应以促进企业战略目标实现为目的，即通过鼓励企业内各级组织及员工的符合企业战略发展需要的行为，抑制阻碍企业战略目标实现的行为，使各级组织及员工个人的目标与企业的战略目标保持一致。

2. 以分配制度为主体，兼顾企业和员工双方的需要

如前所述，激励机制的要素实际上就是全面薪酬的构成部分。激励机制的设计应以薪酬分配制度为主体，将个人利益与企业目标连接起来，从而诱导员工努力去实现组织目标。

3. 正激励与负激励结合使用

正激励是对员工的正确行为或贡献予以鼓励和奖励，如发放工资、奖金、津贴、福利等。负激励是对员工的错误行为或造成的损失从反方向予以刺激，如罚款、扣奖金、减薪甚至降职、辞退等。正激励和负激励是激励机制不可缺少的两个方面。在实际工作中，只有做到奖功罚过、奖优罚劣、奖勤罚懒，才

能使先进受到奖励、后进受到鞭策，真正调动起人们的工作热情，形成人人争先的竞争局面。

同时，在激励员工时应该注意以正激励为主、负激励为辅，也就是说，相对而言，在激励过程中，要多采用正激励的方式，激发员工的正面回应，而把负激励作为一个补充，起到鞭策作用。

4. 物质激励与精神激励相结合

激励的手段可分为物质激励（薪酬激励）和精神激励（成长激励）两类。员工作为社会个体，精神需要和物质需要同时存在。毋庸讳言，在大多数时候，对于大部分人而言，物质利益是有诱惑性和刺激作用的。不过，单纯地强调物质激励，可能削弱员工对工作意义和兴趣的追求，严重的甚至会产生损害人的基本道德的副作用。而精神激励主要从满足员工的社会需求方面来激励，它有助于形成组织的凝集力和向心力。很少有人会完全为金钱而工作，虽然在不同时期人们都重视收入，但金钱的激励作用是有限的，员工一旦得到理想的收入后，物质利益的刺激就成为次要的因素，所以激励方式也应该是两者的结合（参见知识摘要“双因素理论”和“成就需要理论”）。

知识摘要 5

赫兹伯格的双因素理论

双因素理论（Two Factors Theory）又称激励保健理论（Motivator-Hygiene Theory），是美国的行为科学家弗雷德里克·赫茨伯格（Fredrick Herzberg）提出来的。该理论认为引发人们工作动机的因素主要有两类：保健因素和激励因素。只有激励因素才能够给人们带来满意感，而保健因素只能消除人们的不满，但不会带来满意感。其理论根据是：第一，不是所有的需要得到满足都能激励起人们的积极性，只有那些被称为激励因素的需要得到满足才能调动人们的积极性；第二，不具备保健因素时将引起强烈的不满，但具备时并不一定会调动强烈的积极性；第三，激励因素是以工作为核心的，主要是在职工进行工作时发生的。

保健因素（又叫维持因素）是指和工作环境或条件相关的因素。

如：公司的政策和行政管理、监督方式、与上司的关系、工作条件、薪资、与同事的关系、地位。激励因素是指影响人们工作的内在因素，它与金钱和管理方式没多大关系。这类因素主要有：工作成就、得到的认可、责任感、工作本身的内容和工作的成长性。

知识摘要 6

麦克利兰的成就需要理论

成就需要理论（Achievement Need Theory）是美国哈佛大学教授戴维·麦克利兰（David·C·McClelland）于20世纪50年代提出的。麦克利兰把人的高层次需要归纳为对成就、权力和亲和的需要。他对这三种需要，特别是成就需要做了深入的研究。

（1）成就需要（Need for Achievement）：争取成功并希望做得最好的需要。具有强烈的成就需要的人渴望将事情做得更为完美，提高工作效率，获得更大的成功，他们追求的是在争取成功的过程中克服困难、解决难题、努力奋斗的乐趣以及成功之后的个人的成就感，他们并不看重成功所带来的物质奖励。高成就需要者有三个主要特点：第一，他们喜欢接受挑战性的任务，希望独立地完成工作。第二，他们总是具有明确的行动目标，并富有一定的冒险精神。第三，他们希望个人负责解决问题，并经常注意对自己工作成就的反馈。如果他们能够从上级那里得到嘉奖、晋级、增加工资，就会有一种莫大的成就感。

（2）权力需要（Need for Power）：影响或控制他人且不受他人控制的需要。权力需要高的人，喜欢"负责"，追求社会地位，追求对别人的影响，喜欢使别人的行动合乎自己的愿望。他们喜欢具有竞争性和能体现较高地位的场合或情境，他们也会追求出色的成绩，但他们这样做并不是为了个人的成就感，而是为了获得地位和权力。

（3）亲和需要（Need for Affiliation）或关系需要：建立友好亲密的人际关系的需要。关系需要就是寻求被他人喜爱和接纳的一种愿望。高关系需要者更倾向于与他人进行交往——这种交往会给他带来愉快，喜欢合作而不是竞争的工作环境，渴望彼此之间的沟通与理解，对环境中的人际关系更为敏感，害怕失去某些亲密关系，回避人际冲突。

5. 绩效导向

激励员工的目的是促使员工不断提高绩效，从而提高组织绩效水平。激励与绩效本来就是连在一起的，二者相辅相成。所以，设计激励机制时还要考虑绩效导向原则，即对员工的激励要与其绩效挂钩。

6. 公平合理

虽然列在最后，但并不是不重要。相反，公平合理可以说是设计激励机制的最起码的要求。古今中外，人们对自己是否受到公平合理的对待是十分敏感的。员工往往喜欢不断地与他人进行比较，对公平与否的程度做出判断，这种判断会对他们的工作积极性产生影响。所以在激励机制设计的过程中，要坚持公平原则，保障员工的公平感，避免挫伤员工的积极性。

另外，激励的措施要适度，要根据所实现目标本身的价值大小来确定适当的激励力度。

7. 及时激励

激励需要及时，即要把握好激励的时机。从理论上讲，无论正激励还是负激励，都最好是在事情刚发生或员工表现出相应的行为时给予激励。这样的激励效果最好。

（二）激励机制的优化措施

H公司的战略目标之一是通过新产品来维护市场地位，挤占竞争对手的市场空间。要实现这个目标，需要公司各部门及员工的共同努力。像销售人员这样直接在市场一线“拼杀”的人员，尤其需要得到有效的激励，才能焕发并保持工作热情，从而积极努力地实现公司的目标。

H公司“组织激励状况调查”的最终评分为56%，这显示其整体激励程度较低，也间接地说明了为什么公司的员工流动率偏高。因此，H公司需要采取有效措施，改进公司激励机制，提高员工的工作积极性，从而降低员工流动率。

1. 调整薪酬分配

强调物质激励与精神激励相结合，并不是说不需要有所侧重。物质激励与精神激励是对人们物质需要和精神需要的满足，而人们的物质需要和精神需要在层次与程度上受多种因素的制约，并随主客观条件的发展而不断有所变化。一般来说，当社会经济文化发展水平比较低时，人们的物质需求就会比较强烈，而当社会经济文化发展水平比较高时，人们的精神需要则会占主导地位。大多数情况下，物质激励将占主导地位。因此，首先需要对员工的薪资进行调整。

（1）调整岗位工资。

首先，根据工作性质、任务难度、责任大小、对公司整体业绩的影响程度和对任职者的要求等多个因素，对公司所有岗位进行工作评价，并确定不同岗位之间的相对价值，作为确定岗位工资的基础以确保薪酬的内部公平性。

其次，根据市场调查结果，结合公司的实际情况，确定公司的工资水平。H公司的某些岗位，如销售人员，工资水平明显低于市场平均水平，不利于留住人才。因此，有必要适当地提高工资水平，以保证薪酬的外部公平。

（2）将收入与绩效挂钩。

①绩效工资与员工个人绩效挂钩。

实际发放绩效工资=绩效工资标准×绩效考核系数

②年终奖与公司效益、部门绩效和个人绩效三个方面的因素挂钩。

首先，根据公司效益好坏决定公司的年终奖总额；然后，按照部门绩效考核（主要考核部门目标的完成情况）的等级和人员数量来决定各部门的年终奖数量；最后，部门内部根据个人表现和贡献来分配奖金。

③实施“利润分享计划”。

每年公司拿出税后利润的一部分，让公司全体员工进行分享，使员工分享公司成长的果实，从而更加关心公司的整体发展。具体分享方法如下：

先根据员工所在部门和岗位对公司经营业绩的影响程度确定利润分享系数，再根据个人绩效考核系数调整利润分享系数。

个人利润分享调整系数=个人利润分享系数×绩效考核系数

个人利润分享数额=总利润分享数额×个人利润分享调整系数/总利润分享系数

（3）调整基本工资与绩效工资的比例。

固定薪酬与可变薪酬的比例关系要保持适当。如果固定薪酬占薪酬总额的比重过大，则会削弱薪酬对绩效的刺激作用；而如果固定薪酬所占比重太小，则又会使员工的基本生活需要都可能得不到满足，过于放大了员工所承担的风险。

H公司不同层级岗位的基本工资和绩效工资的比例分别调整为：

①高级管理人员：

基本工资占60%，绩效工资占40%。

②经理与主管：

基本工资占70%，绩效工资占30%。

③普通员工：

基本工资占80%，绩效工资占20%。

同时，绩效考核及绩效工资发放的周期也要根据岗位工作绩效特征显现周期的长短来调整。

①高级管理人员：

由于高管的工作效果显现周期相对较长，因此高级管理人员按年度考核发放绩效工资。

②其他人员：

部门经理、主管和员工的工作效果显露的周期要短些，同时考虑到考核不要太频繁，此部分员工按季度考核并发放绩效工资。

（4）提供自助式福利。

在公司效益得到改善后，可以提高员工的福利待遇，并在控制福利开支总额的前提下，为员工提供自助式福利。自助式福利是企业设计了众多的福利项目供员工自由选择，满足员工对福利支付形式的“个性化”需求。这种福利形式，正如自助餐一样，可以让员工自由挑选所喜欢的福利项目。具体项目、标准如表6-2所示：

表6-2 自助式福利计划表

序号	项目	标准(元/年)
1	带薪休假	1000
2	职工住房补贴	1200
3	职工食堂免费中餐	1200
4	伙食补助	2400
5	交通接送	2400
6	交通补贴	2400
7	培训或教育补助	2400
8	节日礼物套餐A	1000
9	节日礼物套餐B	1000
10	节日礼物套餐C	1000
自助福利总额8000元		

2. 建立双重职业路径

跟大多数企业一样，H公司目前采取的是传统的单一职业路径，即垂直向上的行政管理阶梯。员工只有一个职业发展的方向，即在管理层级上不断上升，而且薪酬待遇也与管理层级紧密捆绑。如果得不到职务晋升，一般来说，薪酬基本不变。这种单一的职业路径迫使大家涌向管理职位，而后者常常短缺，因而使得很多员工丧失了工作的积极性。

与传统单一职业路径相对立的是双重职业路径，即“专业技术深度发展”与“行政管理纵向发展”这两条职业路径并存。员工可根据自己的兴趣、能力、经验等选择适合自己的职业发展路径。这样可以鼓舞和激励在研发、销售、市场、财务、人力资源等领域中的精英努力成为技术专家，他们能够而且应该可以将其技能贡献给公司而不必成为管理者，同时，还可以防止从合格（甚至优秀）的技术专家中培养出劣等的管理者。

根据公司不同岗位类型，除一般的行政管理路径外，设置专业技术类、职能管理类、销售类、事务类岗位的职业路径。鼓励相关员工更加安心地从事本职工作，力争成为某方面的专家，通过提升技能、积累经验和业绩来不断提高职业等级，从而满足其增加收入、职业进步的需求。具体职业路径如图6-4所示：

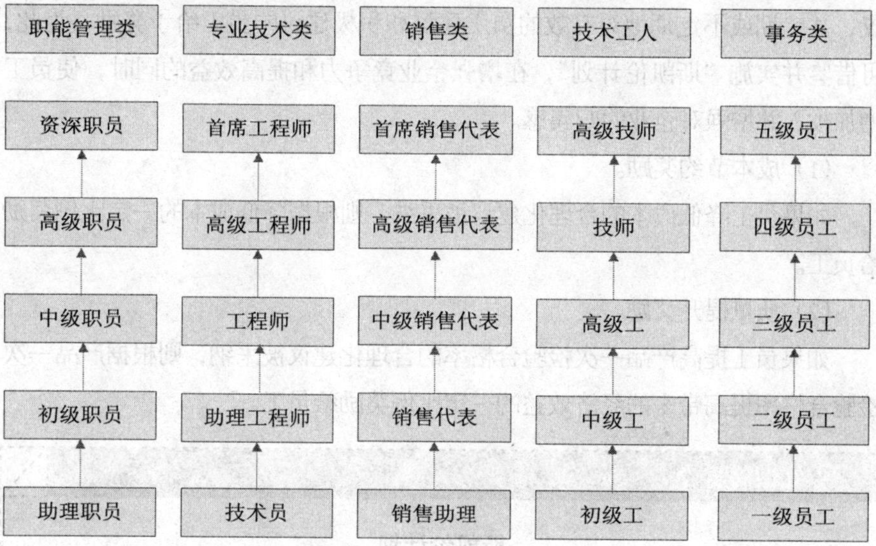

图6-4 专业技术职业发展路径

3. 组织员工培训

通过员工培训既可以提高员工技能，提高工作业绩，从而提高公司效益，又有利于团队建设和培育互助提高的企业文化，使得员工过得充实，增强对团队的认同。因此，在公司可以开展各类培训活动。

（1）公司可以定期组织企业文化培训，开展拓展培训，增强员工团队精神，提升员工对企业文化的认同感。

（2）组织各类人员的技能培训，通过培训帮助技能缺乏或经验不足的员工提高业务水平，提高工作绩效。

（3）选拔经验丰富和技能出众的员工作为培训讲师，开展专业技能、经验的传授与分享，让资深员工或出色的员工得到展示自己的机会，将个人知识转化为组织知识。

4. 鼓励员工参与管理

公司各级管理者在管理和决策过程中，可以广泛征求员工的意见和建议，集思广益，增加决策的科学性和民主性，同时也能让员工感觉到自己在上级心目中的地位和价值，感觉受到了尊重。

公司鼓励员工从本职工作出发关心公司发展、积极向公司提出合理化建议，并定期或不定期地对有效的员工建议和积极建议的员工给予奖励。为此，可借鉴并实施“斯凯伦计划”，在增强企业竞争力和提高效益的同时，使员工增加收入并增强对企业的归属感。

（1）成本节约奖励。

如果员工降低成本的合理化建议被采纳，则根据降低成本的一定比例奖励给员工。

（2）质量提升奖励。

如果员工提高产品一次检验合格率的合理化建议被采纳，则根据产品一次检验合格率提高带来的经济效益的一定比例奖励给员工。

知识摘要 7

斯凯伦计划

20世纪30年代初，美国发生经济危机，帕帕因梯钢铁公司濒临破产。斯凯伦是该公司的一名底层员工和工会工作人员，他提出了自己的管理改革计划。斯凯伦计划的主要内容为：成立劳资联合委员会，共同商讨企业降低成本、提高质量和产量等重大问题；发动企业全体员工提出合理化建议；实行集体分红制，公司超产部分按一定比例作为员工的集体奖励。公司采纳并实行该计划后，不但得以扭亏增盈渡过难关，而且使得公司员工增强了对公司的归属感和责任感，减少了劳资对立情绪。此后，不少企业相继效仿实行斯凯伦计划，在提高生产率上取得了很好的效果。

5. 对表现突出的员工授予荣誉称号与专项奖励

对于表现突出的员工，除了物质奖励外，还可设置专项奖励，以表彰和鼓励员工某方面的突出表现。这些精神激励，着重于满足员工心理需求，可以弥补物质激励的不足，并能在一定程度上兼顾工作中那些被正式的绩效考核所忽视的方面。

公司可以针对员工在某个方面的突出表现或特殊贡献，授予特定的奖励，以鼓励员工的良好行为。如：对于业绩突出的销售人员，除了物质奖励外，可以授予“年度销售标兵”、“杰出贡献员工”等荣誉称号；对于工作积极主动、乐于帮助其他同事完成任务的员工，给予“职业风尚奖”，等等。其他具体奖励项目见表6–3。

表6–3 H公司奖励项目一览表

种 类	授 奖 条 件
杰出贡献奖	1. 在本职岗位上取得优异业绩； 2. 为公司赢得重大荣誉或在公司的经营管理、技术创新、产品创新等方面取得重大突破。
年度销售标兵	1. 超额完成销售目标； 2. 销售额排名前10位； 3. 客户满意度90%以上。
明星班组奖	1. 完成或超额完成年度各项生产、技术指标； 2. 重视安全生产，无工伤事故及其他责任事故； 3. 班组规章制度、台账记录健全，管理有特色； 4. 积极开展降本增效、合理化建议、导师带徒、技术比赛、经济技术创新活动等，成绩突出。
职业风尚奖	忠于职守，具有良好的职业道德、职业精神，团队精神强。
创新奖	员工符合下列条件之一者，经审查合格后授予本奖： 1. 设计新产品，对公司有特殊贡献； 2. 从事有益于公司业务的发明或改进，对公司节省经费、提高效率或对经营合理化的其他方面做出了贡献； 3. 在独立性方面尚未达到发明的程度，但对加工、装配、物流等业务确有特殊的贡献。
功绩奖	员工符合下列条件之一者，可授予本奖： 1. 从事对公司有显著贡献的特殊行为； 2. 对提高公司效率有特殊贡献的； 3. 对公司的损害能防患于未然者； 4. 抢救公司人员和财产者； 5. 遇到非常事故，能临机应变，措施得当。

6. 加强内部沟通，提高员工的归属感

调查显示，H公司在上下级之间、不同部门之间的沟通都明显不足，这既影响了工作效率，也抑制了员工的工作积极性。研究表明，如果员工能及时得到有关工作的信息和自己工作绩效的反馈，将有利于员工提高业绩和及时校准努力的方向。而且，即使只是跟工作没什么关系的一般日常交流，也对改善内部人际关系、增强组织凝聚力有促进作用。

为改善公司的内部沟通，增进员工间的交流和提升归属感，可采取以下措施：

（1）改善办公条件。

公司可以在总部办公区为销售部增设一间办公室，并对其空间布置进行改造，为每个销售人员配置一张办公桌和必要的办公用品。

改善会议室条件，配备必要的设施和工具，如空调、投影设备、饮水机等，以备销售人员开会使用。

如此安排，虽然会增加一部分管理费用，但为销售人员提供了交流空间，增强了销售人员对公司的归属感和认同感，使得他们更加愿意经常到公司总部来，既可以与同事交流，也可以在这里接待客户。

（2）开办内部信息简报。

编辑《H公司内部通讯》，让销售人员和其他人员都能及时从简报中了解公司的情况，并鼓励他们亲自撰稿，把自己在公司中遇到的事情和感受及时表达出来，与其他人一起分享工作过程中的酸甜苦辣。这样既可以提高员工的心理归属感和对组织的认同感，又可以促进员工之间知识、技能和经验的共享。

7. 建立长期激励机制

从长远看，公司还需要建立长期激励机制，对特定员工加强长期激励——尤其是对高管、关键技术人才、优秀销售人才等重要员工的长期激励，以促使他们重视公司的长期发展，避免出现短期化行为。企业的短期激励手段可以收到立竿见影的即时效果，但也有可能引发员工的短期化思维和短期化行为。所以，有必要运用长期激励手段来促使员工从长期考虑，并努力将个人目标与企业整体目标协调一致。

一般来说，短期激励能够很好地满足基本生存的需要，这直接给予员工工作的动力；长期激励能够满足个人职业生涯发展和个人价值实现的需要，这能够提高员工对企业的忠诚度，从而促使其更加积极地去为企业创造更大的价值。

考虑H公司的实际情况，在条件成熟时，可以设计虚拟股权分红。

一般，股权激励计划都是针对企业的高层员工。不过，H公司可以变通使用，用虚拟股权分红来激励公司的关键岗位的任职者，如重要的管理人才、技术人才和销售人才等，从而起到留住人才并吸引外来人才加入的作用。虚拟股权由公司无偿赠送或以奖励的方式发放给特定员工，不需员工出资。虚拟股权的持有者只能享受到分红收益权，即按照持有虚拟股权的数量，按比例享受公司税后利润分配的权利，而不能享受普通股股东的权益（如表决权），所以虚拟股权的持有者会更多地关注企业经营状况及企业利润的情况。

8. 其他

除了上述的激励措施外，公司还应该考虑进行工作再设计，利用工作本身来激励员工。比如，提供挑战性工作机会来激励。企业为员工提供富有挑战性的工作机会，一方面可以保持本公司的技术领先性，另一方面员工也得到了锻炼，公司的凝聚力也得到了增强。

（三）激励方案的保障措施

1. 营造良好的内部环境和管理氛围

要激发员工的积极性，企业需要有一个良好的激励环境。每个人都有一定的创造能力，但是在许多组织中，这种巨大的潜力并没有得到发挥。如果一个组织内部环境没有一种激励氛围，那么必将严重阻碍员工创造性、能动性的发挥。

H公司可以通过企业文化建设活动，在公司内部倡导为自己、为家庭、为公司和为社会创造价值的积极向上的精神追求。在日常工作中，鼓励上下级之间、员工之间加强互动沟通和协助配合，营造良好的人际关系，增强员工的归属感。

2. 提高管理人员激励他人的能力

员工的激励状况很大程度上取决于各级管理人员的管理实践。上述对管理人员激励他人能力的调查结果显示，目前H公司大部分管理人员在员工激励方面都还存在技能欠缺的问题。为了让公司的激励机制顺畅发挥作用，有必要对管理人员进行专门训练，以提高其激励技能。

首先，帮助各级管理人员认识到激励他人的重要性并意识到自己在激励员工方面存在不足；其次，为他们设计并提供相应的培训，让他们掌握有关激励的知识和方法；最后，在日常工作中，高层经理关注中、基层管理人员在日常工作中对下属员工的激励方式，并提供必要的指导，以提高各级管理人员的激励能力。只有在公司各级管理人员的激励能力都得到提升后，H公司才可以通过他们的管理实践来真正落实激励制度，提高员工的工作积极性和绩效水平。

在管理和激励员工的过程中，管理者需要掌握一些必要的策略，如：

（1）激励员工从追求结果均等转移到追求机会均等，并努力创造公平竞争的环境。

（2）激励要把握最佳时机。需在目标任务下达前激励的，要提前激励。员工遇到困难，要及时给予关怀。

（3）激励要有足够力度。对有突出贡献的予以重奖，对造成巨大损失的予以重罚。通过各种有效的激励技巧，达到以小博大的激励效果。

（4）激励要公平准确、奖罚分明。完善绩效考核制度，做到考核尺度合适、公平合理。克服有亲有疏的人情风。在提薪、晋级、评奖、评优等涉及员工切身利益的热点问题上务求做到公平和公正。

（5）构造员工分配格局的合理落差。适当拉开分配距离，鼓励一部分员工先富起来，使员工在反差对比中产生持久的追求动力。

● 学习案例

华为的员工持股

华为的员工持股在公司的起步和扩张过程中扮演了重要的角色。华为从1992年开始实施内部员工持股计划，这一阶段，华为员工持股的基本做法是：凡是工作1年以上的员工均可以购买公司的股份，购买数量取决于员工的职位、绩效以及任职资格等因素，一般是公司在年底通知员工可购买的股份数；

员工以工资、年底奖金出资购买股份，资金不够时公司还会协助员工取得贷款；股票的购买价格并不与公司净资产挂钩，而是确定为每股1元。员工购买股份后的主要收益来自与公司绩效挂钩的分红（分红比例曾多年保持在70%的高水平）；员工离职时，公司会按照员工原来的购买价格即每股1元回购。除1995年和1996年公司曾给员工持股证明外，其他年份不再给员工持股证明，但员工可在公司查询并记录自己的持股量；工会（下设持股委员会）代表员工管理持有股份，是公司真正的股东，员工自身并没有公司法上完整的股东权利。在2001年以前，处于高速成长期核心阶段的华为通过内部股票分红使员工获得了丰厚的收益，在这一阶段，华为内部有一种“1+1+1”的说法，即在员工的收入中，工资、奖金、股票分红的收入比例大体相当。1997年及之前年份进入华为的老员工是这一时期的最大受益群体。

2001年，深圳市出台了《深圳市公司内部员工持股规定》，华为意识到了以前那种股权安排的潜在风险，此外，在公司管理变革过程中，股权制度的不规范也制约了公司与国际管理机制接轨。因此，在这一年，华为通过与国际咨询公司合作，对公司的股权制度进行调整变革，用规范的虚拟股票期权即所谓的“虚拟受限股”取代原来实行的内部股权。新员工不再派发长期不变一元一股的股票，老员工手中持有的每股1元的内部股则按2001年末公司净资产进行折算，并且确定转换后的每股价格增值到每股2.64元，从而将净资产与员工股权联系在了一起，成为一种接近实际意义的员工持股安排。公司每年会根据员工的工作水平和对公司的贡献决定其获得的股份数，员工则需要按照公司当年的净资产价格购买虚拟股。拥有虚拟股的员工可以获得一定比例的分红，再加虚拟股对应的公司净资产增值部分，但他们没有所有权、表决权，也不能转让和出售。在员工离开企业时，股票只能由华为控股工会回购。公司规定，员工的虚拟股每年可兑现四分之一，价格是最新的每股净资产价格，但同时又对中高层的兑现额度作了专门规定，即除非离职，每年只能兑现十分之一；在离开公司后，员工还要接受公司6个月的严格审核，确认其后来任职的公司符合产品与华为不构成同业竞争、没有从华为内部挖过墙角等所有条件后，虚拟股方可全额兑现。每位持股的员工都有权选举和被选举为股东代表；持股员工选出51人作为代表，然后从中轮流选出13人作为董事会成员，5人担任监事会成员。

2003年，华为动用了几十亿元的未分配股权再次给予80%以上的员工股票购买权，其主要目的有两个，一是向银行申请股权抵押的贷款额度，缓解华为由于3G业务推迟带来的资金紧张问题，二是将股权向新的骨干核心层倾斜，通过3年的锁定期稳定核心员工队伍，共度眼前的困难时期，将来再通过净资产增值、股权分红等方式将利益分配给员工。这样，既可以有效降低华为的资产负债率，又可以让员工一起承担部分经营风险。

2008年，华为再次微调了虚拟股制度，实行饱和配股制，即规定员工的配股上限，每个级别的员工达到持股上限后将不再参与新的配股。这一规定使手中持股数量巨大的华为老员工们配股受到了限制，但有利于激励华为公司的新员工。

【资料来源：刘昕. 华为的发展历程及其薪酬战略. 中国人力资源开发，2014（10）】

任务七
管理沟通机制设计

自20世纪80年代以来，信息经济高速发展，企业内外部环境变化日益复杂，管理沟通作为信息交流的载体发挥着日益重要的作用。越来越多的专家、学者及为数众多的企业高级管理者开始重视管理沟通对于企业发展的重要作用。在企业的运营中，管理者需要不断研究和了解复杂多变的外部环境，正确确定企业目标、做出生产经营决策，同时科学地对生产过程进行组织、协调和控制，使企业能正常有序地运转，从而降低运营成本，在激烈的市场竞争中更好地生存。所有这些，都必须以大量信息的相互传递、沟通为基础。

美国著名未来学家奈斯比特曾指出："未来竞争是管理的竞争，竞争的焦点在于每个社会组织内部成员之间及其与外部组织的有效沟通上。"目前，国内不少企业内部管理沟通比较随意、散乱，管理者并未真正意识到管理沟通对于企业发展的重要性，管理沟通的现状与企业对管理沟通的要求相距甚远，使企业的管理水平始终难以得到有效提升。

沟通存在于企业管理的各个环节。企业领导者形成长远的发展目标和发展思路，其基础依据来源于各部门的各种信息，需要与下属之间的沟通；有了战略发展规划，要将发展规划落实到具体的措施或工作方面，需要下属有良好的执行力，需要良好的沟通作为支持；完成企业的各项工作任务，部门之间和员工之间需要通力的协调与配合，沟通更显其作用；下属的工作情况和个人需求需要向上级反馈，也需要有良好的沟通渠道；企业应对市场竞争，就必须提供客户最需要的产品与服务，与客户之间的沟通是最为重要的。基于上述情况，对管理沟通的研究，有助于企业形成高效的运行机制。

● 背景材料

H公司的组织内部管理沟通

李小海是H公司的常务副总，分管公司的生产加工、营销服务等业务。此时，他站在办公室窗前，望着天边那缓缓落下的夕阳，苦苦地思索着。他的办公桌上放着3位销售办事处经理的辞职信。他们都是公司内部提拔上来的具有多年办事处管理经验的资深经理。他在今天下午花了3个多小时的时间与他们谈话，想极力留住他们，但看起来希望不大，因为他们的态度都十分坚决。李小海从谈话中了解到，他们离职后会到其他的公司去，有一位可能去竞争对手的公司。他们离职的理由显得有些牵强，但李小海感觉到这件事情与公司近来对外招聘办事处经理有关，公司上下对此正议论纷纷。

目前公司的发展进入了快车道，规模迅速扩大。在初创时期，由于公司规模较小且大都来自母公司，内部人员都相互认识，各办事处之间经常互相交流经验、探讨问题，人事变动也比较少，人员调整和提拔一般都在公司内部进行。因此，人们一直认为公司的用人制度是在组织内部挖掘人才。可是，随着公司规模越来越大，公司基层管理人员的来源发生了一些变化。公司为吸引人才，开始从外部招聘。

由于销售办事处经理人才缺乏，公司对外招聘了一些办事处经理。李小海对于新经理的来源途径似乎并不在意。他认为，公司扩大了，对外招聘基层管理人员是很自然的事情，员工们对此应该是理解的。后来他听到了一些议论，一些老员工对此意见很大。于是，他和助手陈克群走访了各家办事处。他注意到，办事处经理和区域主管认为公司在实行新的人事政策。回到公司后，他与其他几位公司领导商谈，准备召集区域主管和办事处经理开两天会，介绍公司的发展状况、经营目标和新的发展方向。但他们对此看法不一，有人认为，开这样的会耗钱费时，大家整天忙于销售工作，很难找到合适的时间，人员也难以集中，而且会影响销售业绩。由于意见不一致，此事也就搁下来了。不久，有关的议论越来越尖锐。例如，“公司高层领导把我们都忘记了”，“像我这样干了10年的老员工马上就要被扫地出门了”，“我们这些公司的元老要被人取代了”，等等。

面对此种现象，李小海和陈克群试图对这些议论做出解释，但是很明显，员工们和一些办事处的经理根本不相信公司领导的这些解释。接下来有4位办事处经理被更换。他们都是前些年从公司内部提拔起来的，提拔前在公司工作了很多年。其中一位是因为想干个体而主动提出辞职的；有两位是因能力有限、业绩太差而被免职的；还有一位是自己要求从现任职位上退下来的，原因是感觉办事处的管理工作比过去更复杂，自己压力太大干不下去了。这4位办事处经理的位置恰好是由外部招聘的人员接替的，于是这4位经理的更换被员工们视为公司实行新政策的最好例证。李小海发现，员工的情绪低落，士气下降。办事处经理的态度发生了明显的变化，甚至生产工厂及公司其他部门的人员也受到了影响。一线人员常常被客户投诉，与客户冲突的事件时有发生，部分区域销售量出现下滑。

同时，目前公司的沟通状况与初创期比较发生了明显的改变。在公司发展的初期，由于规模较小，办事处分布区域比较集中，公司组织结构比较简单，公司领导与下级的沟通多采取走访的形式，他们很少在办公室待着，经常到各办事处了解情况，与员工一起讨论问题和解决问题。他们还经常与员工一起用餐，边吃饭边聊天，有说有笑，很是热闹。公司成员间的沟通方式都是非常直接的，且大多为口头沟通。公司上下级以及员工之间经常交换彼此的看法，即使有不同意见，也能很快地当场协调解决。所有人员都把公司看做一个大家庭，认为每个人都是这个家庭的成员。但是，随着公司的快速发展，规模不断扩大，公司内部的沟通方式逐渐发生了变化。公司领导成了经常性的商务旅行者、对外谈判专家、出席开业典礼的嘉宾等，与员工见面的机会越来越少。

面对上述状况，李小海感到非常困惑，不知道问题出在哪儿。他想，公司发展趋势看好，为什么能干的办事处经理会要求离职，有的甚至要加盟别的公司？他非常清楚，这些办事处经理的离职将会对公司造成怎样的影响。李小海坚持认为，员工们关于公司招聘外来人员替换老员工的说法是不正确的，对外招聘是公司发展的需要，有利于公司更快更好地发展。但是，员工的议论越来越多，而且在公司范围内传播得越来越广。他意识到，必须立即把真相告诉所有的员工。但是他不能仅仅发布一条“我们没有替换公司的老员工”之类的消息了事，因为这种解释已经很难让人们相信了。李小海一直在思索，不知该如何向公司基层管理者和员工解释，不知应该如何扭转目前的这种状况。

任务要求

1. 分析H公司管理沟通现状及问题。
2. 设计H公司管理沟通机制。

解决方案

一、总体设计思路

根据管理沟通机制的设计原理、结构及方法，结合案例背景材料提供的信息，为完成任务目标，本解决方案依据以下思路进行设计。

在进行管理沟通机制设计前，应对现有状况进行诊断分析，找出其存在的问题，在此基础上有针对性地进行管理沟通机制的设计。

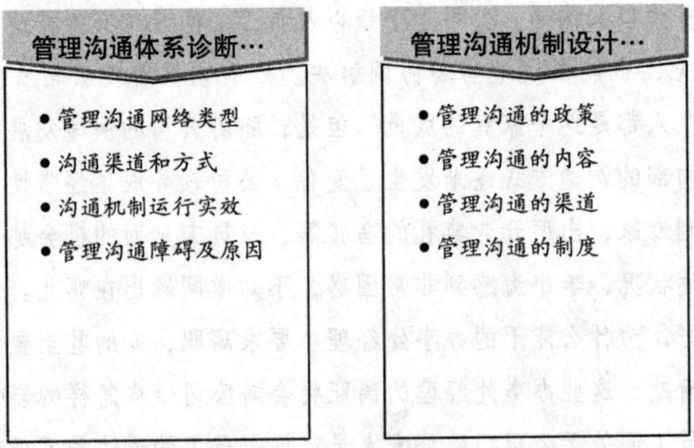

图7-1 整体设计思路

二、管理沟通机制诊断

我们在进行管理沟通机制设计时，首先需要对现有的管理沟通机制进行分析诊断，找出其中存在的问题，以便于在设计新的管理沟通机制时加以改进、纠正，避免出现同样的问题。在此基础上，根据新的目标与要求，设计新的管理沟通机制。下面我们将对H公司的管理沟通机制进行诊断分析。

（一）管理沟通现状

1. 管理沟通网络类型

目前，我国大多数企业，其沟通的形式大体类似，基本上属于链式或变形链式的管理沟通网络类型。H公司也不例外，属于变形链式的管理沟通网络类型。

（1）从上至下的纵向沟通。

由董事长为起点，即董事长提出战略性设想，经过高层管理人员集体研究讨论后，由董事长将意图授意给总经理。

由总经理拿出大体设想，并将要达到的目标一并传递给相关的副总经理。副总经理与相关各分子公司总经理或职能部室经理进行沟通，并形成有可操作性的具体实施方案，报总经理批准。

实施方案经总经理批准后，由各分子公司总经理或职能部室经理传递给本公司或部门中层管理人员、主管人员，安排员工具体实施。

（2）从下至上的纵向沟通。

由普通员工为起点，即普通员工完成工作或得到相关信息后，先报告给自已的主管或部门经理。

主管或部门经理进行信息的筛选，将有必要上报给上级领导人员的信息上报给自已的直接领导，依此类推，直至公司高层领导人员。

（3）横向的沟通网络。

除一般性工作外，公司还普遍存在着一些横向的沟通网络。例如某项事务，单靠一个部门的力量无法完成，或者完成的效果很不理想的情况下，主办部门就需要得到其他部门的配合。

如果部门之间的配合既是在另一部门职责范围内的，又不会影响到部门正常的工作进度，对于这种情况，两个子公司或部门就可以进行直接的沟通，即通过部门负责人之间的沟通，再将信息传递给具体的责任人，从而实现配合的目的。

如果部门之间的配合会对部门正常的工作进度产生一些影响，则通过各自分管的副总经理进行沟通。

H公司沟通网络是变型链式与部分横向沟通相结合的方式，其优点是工作目标责任人明确，易于领导清晰布置工作，下属能够准确地把握领导的意图，领导也能够在第一时间了解下属开展工作的情况；缺点是僵化的部门制，管理模式高度地正规化，集权化严重，影响基层员工自主开展工作的主动性和积极性，基层员工缺少与中、高层管理人员之间的沟通环境。

知识摘要 1

正式沟通

组织内部正式沟通的形态主要有五种（见图7-2），它们是：链式沟通、环式沟通、Y式沟通、轮式沟通和全通道式沟通。

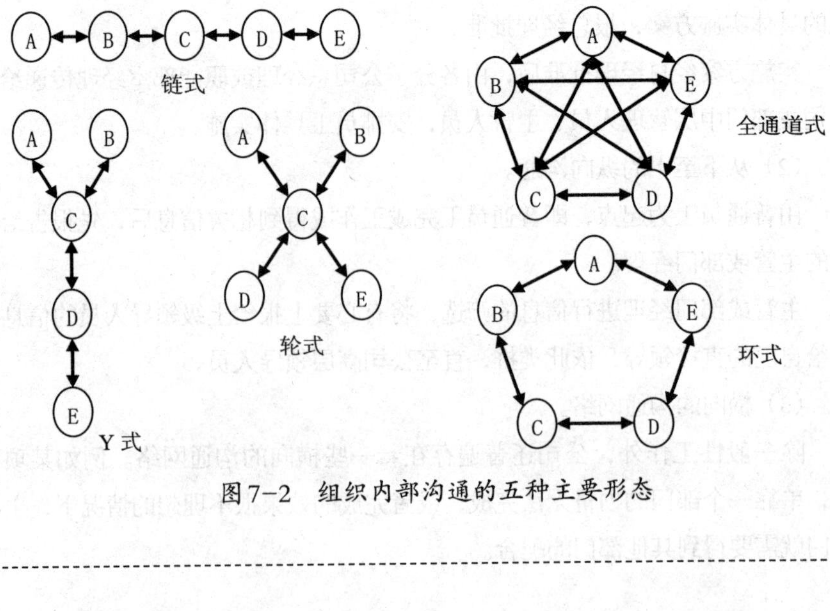

图7-2 组织内部沟通的五种主要形态

以上各种沟通形态各有优点和缺点，因此我们必须了解各种沟通形态的特征，结合组织内部沟通的具体情况，选择合适的沟通形态。下表对各种沟通形态的优缺点进行了比较。

表7–1 各种沟通形态优缺点比较

网络类型	解决问题的速度	信息准确度	组织化	员工士气	工作变化
链式	较快	较高	慢、稳定	低	慢
环式	慢	低	不一定	高	快
Y式	较快	较低	不一定	不一定	较快
轮式	快	高	快、稳定	低	慢
全通道式	较快	最高	慢、稳定	最高	最快

知识摘要 2

非正式沟通

非正式沟通是一种无计划的、无序的、难以控制的沟通。非正式沟通是通过组织内部的各种社会关系来实现的，超越了部门、单位以及层级。非正式沟通的途径具有更大的弹性，它的信息流向没有定式，一般以口头传递为主，不留证据、不负责任，传播速度快，范围广。非正式沟通的形态有四种（见图7–3），它们是：单线式、流言式、随机式和密集式。

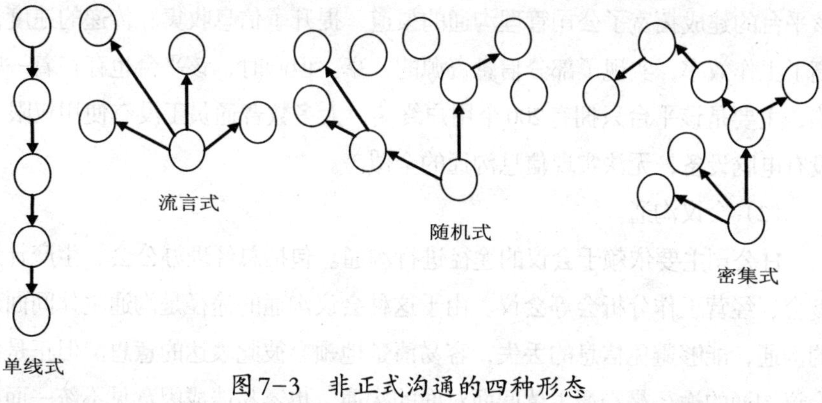

图7–3 非正式沟通的四种形态

无论是什么形态的非正式沟通，都具有一些共同的特点：1）消息越新鲜，人们谈论得就越多；2）与人们的切身利益关系越密切，人们就越关注；3）人们所熟悉的人和事容易被传播；4）在情况发生变化或身处不确定环境中（如组织变革、人事变动、突发事件等）时，人们更关注事态的发展和变化。非正式沟通传播形态的选择主要是由传播者在组织中的社会关系所决定的。

非正式沟通的优点是：沟通形式不拘，直接明了，速度快，能够满足人们对信息的需求；由于非正式沟通的传递建立在人们社会关系的基础上，因此能够满足人们的心理和情感的需求，增强人们的感情联络，这是组织内正式沟通所不能达到的。非正式沟通的缺点是：信息传播难以控制，信息在传播中容易失真，浓厚的感情色彩容易影响人们的情绪和关系，可能导致形成小团体、小集团和小圈子，影响组织的凝聚力和团结。

2. 沟通渠道和方式

在变形链式与横向沟通相结合的网络类型下，H公司领导者之间、领导者与员工之间、员工之间的沟通渠道和方式主要表现在以下几个方面：

（1）OA办公网络信息沟通平台。

H公司自2008年起，聘请了专业的IT网络公司，在对公司各项工作程序和工作内容进行调查研究的基础上，创建了公司OA办公网络信息沟通平台。该平台的建成拓宽了公司管理沟通的渠道，提升了信息收集、传递的速度，提高了工作效率，实现了部分信息资源的共享。但同时，该平台也存在着一些缺陷，主要是该平台只拥有200个用户终端，大多数普通员工没有使用权限，更没有电脑设备，无法实现信息沟通的全覆盖。

（2）会议沟通。

H公司主要依赖于会议的途径进行沟通。包括总经理办公会、生产计划调度会、经营工作分析会等会议。由于这种会议沟通的途径是沟通主体间面对面的沟通，能够避免信息的丢失，容易清楚地领会彼此表达的意思。但正是由于会议沟通的途径是沟通主体间面对面的沟通，也容易造成因意见不统一而产生的人际关系不和谐，影响后续的沟通；因不想影响人际关系，而有意回避矛盾，或表达时保留部分信息。

（3）工作联系单沟通。

H公司建立了工作联系单制度。在业务单位、职能部门之间有需要其他部门配合完成的事务，除主要负责人口头沟通外，一律通过填写工作联系单的方式进行沟通。工作联系单的使用，确实使H公司内部事务联系更加清晰，且有据可查，但目前公司缺少对该制度的监督检查机制，因此有时工作联系单流于形式。

（4）文件和书面材料形式。

H公司在对上级请示汇报、对下级明确事项，内部下属对上级汇报工作情况、上级对下属布置工作，形成决策依据，发布各种信息、新闻等方面，经常使用这种沟通方式。

（二）现有管理沟通机制运行实效

为了检验目前H公司管理沟通机制的运行实效，从不同层面、不同角度，选择公司100名员工进行了抽样调查，结果见表7-2。

表7-2　H公司管理沟通运行实效调查情况汇总表

序号	项　目	是	不完全	否
1	你是否对公司的战略目标、发展方向十分清楚	36%	55%	9%
2	你是否对领导或同事传递给你的信息完全了解	18%	76%	6%
3	同事是否能理解你的真实想法	44%	54%	2%
4	你是否完全信任你的领导、同事或下属	9%	86%	5%
5	你是否感觉与公司领导之间有距离	2%	17%	81%
6	你是否能及时得到同事传递给你的信息	57%	25%	18%
7	在工作中遇到麻烦你是否愿意向领导或同事倾诉，并得到解决	33%	49%	18%
8	与领导、同事或下属之间是否发生过矛盾	27%	58%	15%
9	你是否愿意主动与其他同事进行沟通	21%	68%	11%
10	H公司的沟通渠道能否满足沟通的需要	1%	13%	86%

从表7–2中，可以看出除个别项目外，其他均呈正态分布，根据这一结果，可以看出H公司目前管理沟通机制在运行方面有如下特点：

（1）H公司目前管理沟通机制基本能满足公司日常经营和管理的需要，是可以正常运转的。

（2）H公司在管理沟通方面，还存在着部分信息沟通不畅、沟通不及时、沟通主体之间的距离过长、沟通意识不强等方面的问题，这些问题亟须在今后的管理工作中进行完善。

（3）H公司在管理沟通方面存在着一定的死角和顽症，需要通过相对长期的调整，给予完善。

（4）从抽样员工能够主动配合回答问卷的情况分析，H公司员工还是有一定沟通意识且也能够如实反映自己的观点，这有利于管理沟通机制相关措施的制定和落实。

（三）H公司管理沟通的障碍及原因

1. 沟通主体存在障碍

在H公司内部沟通客体之间常会发生这样的情况，遇到事情，总会站在自己的角度考虑问题，使得沟通主体与客体之间产生了互相争夺利益、不理解、不信任，甚至侵害对方利益的思想。在每周一次的高层管理人员会议上，经常会研究讨论公司经营、发展方面的事情，在研究和讨论的过程中，部分副总经理在发表自己观点和想法的时候，总是站在自己分管部门的角度，而不能站在战略的高度思考。高层管理者尚且如此，各级员工会争相效仿。

2. 信息传递存在漏斗

在管理沟通的过程中，一条原始信息由发送者传递给接收者，一般都不是百分之百的完整传递。权威统计，假设一个机构组织层级为五级，一条信息从最高领导者经过五个层次传递到最低层次的员工，往往只会留存20%左右。在这一过程中，沟通信息便产生了漏斗。这种情况，在H公司也普遍存在，高层管理人员的决策、指令，传递到基层员工时，早已失去了本来的面貌。这样的结果就是基层员工不能完全了解高层领导的意图和公司的发展方向，使实际工作偏离总体发展方向；而高层领导也无法全面了解基层员工业务的开展情况和实际工作中需解决的问题，致使决策产生偏差。

3. 沟通信息透明度不高

对于任何一个团队来说，信息的共享都很重要，如果团队成员之间能够共同享有信息资源，并且对信息资源进行合理的分配和利用，则会大大提高工作效率，提升决策的正确率，减少执行过程中的偏差。目前H公司内部或多或少存在着信息不透明的情况，一些基本信息和经营管理方面的信息比较透明，基本上能够实现共享，但部分有关发展或员工利益方面的信息，透明度则不高，员工不能及时了解实际情况；而对于管理人员来说，基层员工的动态也不能被及时了解。

4. 沟通信息时效性不强

商机往往都是转瞬即逝的，如果不能把握好第一时间，很容易被其他同行抢占先机。然而，最终的决策者往往不是最先掌握信息的，这就需要通过沟通将信息从第一个知情者传递给能够做出决策的主体。这一过程的时效性相当重要。H公司曾经举办了一次产品展示会，尽管该展示会比较成功，但由于个别员工没有考虑到消费者的利益，存在一些侵权行为，某媒体对这一现象进行了跟踪采访。当时，负责该事务的项目经理得知这一情况后，主观上认为这种情况不会影响到公司，没有把情况报告给上级领导，直到该项目经理看到媒体关于这个事件的报道后，才将情况向上级报告。然而正是由于媒体的这一报道，给H公司带来了一些负面的影响。

三、H公司管理沟通机制设计

组织是一个系统，组织中任何一个部分的变化或变动都会对整个系统产生连带的影响。沟通也是一个系统，在沟通的每个阶段有多种投入、产出和反馈贯穿沟通的始终。因此，要根据系统理论，建立和完善组织内部沟通机制。本次设计管理沟通机制将从设计原则、管理沟通政策、管理沟通内容、管理沟通渠道等几方面进行设计。

（一）管理沟通机制设计原则

在设计具体的沟通机制之前，我们首先要确定设计管理沟通机制的原则，不能随意设计，只有这样才能设计出科学合理、具有针对性的管理沟通机制。

为此，我们确定了以下原则。

1. 有效沟通原则

有效性是好的机制必须具备的要素，管理沟通机制设计必须遵循有效性原则。那么，如何才算遵循有效性原则呢？管理沟通机制设计要做到努力降低沟通成本、调动员工积极性、有利于外部问题内部化、完善制度结构这四点，只有这样才是一个有效率的机制，才不违背管理沟通的有效沟通原则。

2. 全员激励原则

全员激励原则指管理沟通机制的设计应对所有参与的员工都能产生激励作用，使员工的个人利益与组织目标相一致。人作为有限理性的经济人，在激励机制缺失时，会表现出机会主义行为。沟通机制设计应保证人们如实传递信息，使个人与公司目标一致。管理沟通机制设计应将个人的需求和回报考虑在内，使个人理性与集体理性相一致。

3. 和谐性原则

管理沟通机制自身具有合理、完善、自洽的特性，能够避免机制的乏力、变形、缺位、失调等状况，这称为管理沟通机制的和谐。管理沟通机制不和谐主要表现为机制乏力、变形、缺位、冲突、失调。乏力指已形成的管理沟通机制未贯彻执行，或已实施却收效甚微；变形指为解决某一问题而形成的机制却引发了另一问题，且引发问题的破坏性不低于原问题的破坏性；缺位是指管理沟通机制设计者为私利而故意不完善，存在有利于己的漏洞；冲突指管理沟通机制形成后管理者与员工之间的冲突；失调指管理沟通机制不完善所产生的制度滞后、领导者不遵守及执行情况较差等。

4. 沟通成本最小化原则

使企业沟通成本最小化是沟通机制的基本功能之一。由于企业的情况不同，即便采用相同的沟通机制也不能保证所有企业的沟通成本一致。因此，对于既定的沟通目标，其达成目标的方式有多种，故管理沟通机制的设计应遵循沟通成本最小化原则。

（二）管理沟通政策设计

管理沟通政策是在沟通理念的指导下，为实现组织沟通目标及有效的管理而制定的一系列沟通行动准则。大多数企业都会有这样一项沟通政策：不是所有的信息都能与所有的员工分享。理由很简单，那就是保守商业秘密的需要。但是，随着员工参与意识的增强，对信息的需求日益增加，组织的高层领导在制定沟通政策时，必须考虑员工对信息的合理需求。

为此，我们设计了H公司的沟通政策如下：

1. 树立以人为本的沟通理念，把员工应该知道的信息适时地告诉员工。

2. 倡导双向沟通，既要向下传递管理者的意志，又要增加员工的参与意识。

3. 管理沟通应适度和适当，既要避免资源浪费，又要增强信息交流。

（三）管理沟通内容设计

在具体的沟通活动中，选择什么沟通内容，什么时候告诉应该告诉的人，通过什么方式和渠道告诉，都会影响到沟通的效果。在沟通内容的选择方面，首先要因沟通对象的不同而不同。针对这些不同的沟通对象，选择与他们相关的信息内容，保障他们应有的知情权。其次，无论与谁沟通，都应该鼓励和倡导双向沟通，促进双方的信息交流，不断寻求反馈，了解对方的理解和需求。根据H公司的实际情况，我们设计了如下管理沟通内容。

1. 情感沟通

在管理沟通中，我们习惯于把情感沟通放在第一位，现代管理科学中更是把情感沟通看做企业核心竞争力的决定因素。员工情感因素的获得，除了公司整体企业氛围对其的影响，更重要的情感获得是通过他的直接主管或是他所在的小团队来获取的。所以H公司在进行管理沟通时，无论是上下级，还是同事之间的沟通都要注重人与人之间的情感交流。

2. 操作性业务信息沟通

上司对下属发布的工作指令要清晰，否则下属就会混乱和迷茫，工作任务与上司的布置出现误差，资源浪费，产出降低，同时也会因为与上司的沟通不畅而对工作产生抱怨，对上司的管理提出质疑，甚至导致员工离职。

员工在执行工作的过程中，应及时向上司汇报工作进度及情况，出现问题及时沟通，否则会导致工作效率降低，不能按时按质完成工作任务。

3. 工作合理化建议沟通

企业各级员工在执行工作指令的同时，往往伴随着自己对于工作的思考和体会，也往往能根据自己的观察、思考及实践经验，形成自己有创造性的新想法新建议，这些新想法新建议大部分都是从其日常工作经验中积累出来的，对企业内部管理提升有着非常重要的意义。

4. 决策性业务信息沟通

在企业中，决策制订者及决策执行者往往是不同的群体，对于企业制订出的战略或业务决策，如果缺少有效的沟通，具体执行者很难真正能理解透彻。不仅在做出决策时需要大量沟通，而且在决策做出后，也需要解释和分解决策，将其转化为所有相关部门、人员和所有决策执行者都能够深入理解的业务信息，清晰地传达给应传达的人员和部门。只有决策信息被深入传达、领会了，决策的执行才能有真实可靠的保证。

5. 制度沟通

制度管理是企业健康成长的重要保障因素。员工的工作职责、工作流程、个人利益等都可以在制度中予以明确体现。制度管理在企业管理中起着职责划分、行为指导和业务规范的重要作用。完善的制度、流程和工作标准可使一个对此工作不了解的人，也能大致明白其工作的核心内容及工作业务流程。

6. 企业文化沟通

企业文化是企业经营管理过程中提倡或形成的独特价值观和行为规范，它可以慢慢地渗透到员工的精神世界里进而影响员工的行为意识，并使之成为员工的行为习惯。在潜意识里它左右着员工的观念、想法和情感，这些都对企业的经营管理产生着不可忽视的影响。因此，需要通过文化宣传、制度保障及管理者的行为导向等形式来潜移默化地影响员工。

（四）管理沟通渠道设计

组织管理沟通一般有两种形式：正式沟通与非正式沟通。随着通信技术的飞速发展，人们可选择的沟通途径与媒介更加丰富。任何一种沟通方式和途径都有其特点和优势，也有不足，我们要根据沟通的目标、任务、对象等因素选择有效的沟通渠道，提高管理沟通的效率。为此，我们应以公司现有的沟通渠道为基础加以增删，以使其更为完善。

1. 拓展正式沟通渠道

正式沟通渠道在管理沟通中起到的作用十分明显，它具有权威性、严肃性、正规性等诸多特点，通过正式沟通渠道沟通的信息，易于被沟通主体重视，不易被忽略或忘记。公司已经有一些正式的沟通渠道，为加强信息沟通，在目前的正式沟通渠道上还可增加一些沟通渠道。

（1）适度拓展横向沟通网络。

公司原有变形链式的管理沟通网络类型基本上能够满足公司日常经营管理的需要，但却存在管理沟通不畅的问题，应适度拓展横向沟通网络。

从机构设置方面看，H公司除总部职能部室外，还有多个业务单位、各地区办事处，如果实行全通道式的管理沟通网络类型，那么就可能会产生信息泛滥，造成比现在更加严重的管理沟通障碍。

因此，公司应采取适度的全通道式的沟通，即加强横向之间的沟通。如果工作需要，各业务单位、职能部室之间，除工作上配合需经各自分管领导同意外，进行其他事务的沟通无需通过其主管领导。这样既可以节省时间，提高工作效率，又可以避免因中转过多，而造成的管理沟通信息漏斗。

（2）完善网络信息沟通平台。

为提高信息收集、传递的速度，减少沟通障碍，公司可以聘请专业的IT网络公司，在对公司各项工作程序和工作内容进行调查研究的基础上，完善公司OA办公网络信息沟通平台。这样可以借助信息平台，实现部分信息资源的共享，提高工作效率。

（3）定期召开部分员工大会。

由于员工大会是公司高层领导与各级员工直接面对面地沟通，是最不易形成信息漏斗障碍的沟通渠道。H公司可以每半年召开一次员工大会。在会上，公司高层管理人员就公司战略、经营工作思路、工作重点、各项重要政策以及员工关注的重要事项进行说明，同时，听取员工的意见与建议。通过这种方式，既可使员工理解和支持公司的经营管理工作，也可改进公司的经营管理。

（4）定期实施员工岗位交流。

每个人都一样，身处某一环境或某一岗位的时间久了，就难免会产生只考虑自己所在范围内的事情，对其他领域的情况知之甚少，因此在与其他部门沟通的过程中易产生障碍，存在沟通主体之间互相不了解、不理解、不信任，没有站在对方的立场考虑问题的因素。解决这一问题的有效方法就是加强公司内部员工之间的交流，使沟通主体之间相互了解、理解和信任，能进行换位思考。

具体措施：

①职能部室之间人员的交流。

②职能部室与业务单位之间人员的交流。

③业务单位之间人员的交流。

（5）设立危机处置中心。

当危机发生时，管理者在努力收集汇总各方面信息的同时，还应该立即建立危机处置中心并使之有效地运转。在危机期间，危机处置中心是所有沟通活动的公共平台，通过及时沟通、集中决策与处置，快速化解危机。

2. 拓展非正式沟通渠道

非正式沟通具有正式沟通所不具有的渠道广泛、形式灵活、参与面广、及时准确的优点，成为正式沟通的重要补充手段。轻松随意的非正式沟通能够大大缓解工作压力，促进和谐的人际关系。

（1）实施高层领导深入基层活动。

企业高层管理人员如果想就某方面的事项了解员工的想法，征求员工的意见或建议，多数采取召开某些层面员工座谈会的方式进行，但这种方式略显正规和严肃，员工有时会因为气氛的原因，不能把自己的真实想法表露出来。

高层管理人员可以不定期深入各分子公司与各部门，与基层员工进行交谈，甚至可采取一边与基层员工一起工作，一边闲谈的方式，在轻松、无拘束的环境中进行沟通，既能够了解员工的真实想法，也能够实地看到员工的工作环境和工作状态，更易于掌握基层的实际信息和情况。

（2）侧面了解员工意见。

在企业出台新举措，特别是关乎员工切身利益的新举措时，可经由非正式渠道将信息传递出去，而后根据收集的员工反馈信息作出合理的决策。如此一来，相当于员工也参与了决策，新举措便包含员工意愿的反映，因此更易为广大员工所接受。

（3）开展多种工会牵头的员工活动。

定期由工会牵头组织开展一些劳动竞赛、体育文娱活动等集体活动，这既能够消除员工间由于种种差异而产生的心理差距所带来的管理沟通障碍，也能够使员工在活动中放松心情，通过彼此间的配合增进友谊，拉近沟通距离，还能够增强公司的凝聚力和向心力，增进员工对公司的忠诚度。

（4）利用电子化信息沟通平台。

现代科学技术不断发展，计算机网络平台日益丰富，充分利用电子化的手段开展工作，则既能起到信息快速传递的作用，也更容易被员工接受。开辟多种电子化非正式沟通渠道，作为管理沟通渠道的补充。具体包括以下几种手段：利用腾讯QQ功能，以各类工作和爱好进行划分创建QQ群，既能够实现信息的第一时间传递，也可以使员工在轻松的环境中进行沟通；号召和鼓励员工注册自己的博客或微博，通过博客或微博实现信息的传递，促进员工之间的彼此了解；通过手机微信功能，建立公司微信，使员工之间在娱乐的过程中，实现畅通的沟通。

3. 建立反馈渠道

沟通没有反馈，效果必定大打折扣。完整高效的沟通必然具有完备的反馈机制作为支撑。通过反馈可以加强信息发送方和接收方的心理沟通，让员工意识到管理层愿意听取意见，一切危机都在初始阶段被及时发现，并找到有效处理危机的方法，以赢得时间，防患于未然。

（1）建立员工意见反馈平台。

与通信网络商合作，建立一个企业信息机，固定一个短信号码作为企业反馈平台的号码。员工有任何想法、心声、建议都可以编辑短信发至此平台，设专人负责处理这些信息，在保护员工个人信息的情况下，根据信息所涉及的内容分类发送给相关最高责任人，相关责任人需要在五个工作日内给予明确回复。回复结果在内网、内刊等渠道中公示（隐去员工个人信息）。让管理层及员工共同参与监督，员工意见反馈的问题才能得到相关方的重视，取得良好的沟通效果。

（2）设立总经理接待日。

安排公司高层管理人员定期轮流接待员工，回答员工关注的问题，听取员工意见。一方面可以让公司高层获得员工思想状况、企业管理现状的第一手资料；另一方面，也给了员工与公司高层直接对话的机会。活动结束，总经理将需要后期跟进的问题反馈给行政部，由行政部负责跟踪问题的最终结果。

（3）设置总经理信箱。

通过设置总经理信箱，让员工直接将意见与建议反映给总经理，总经理委托相关部门定期回复。

（五）管理沟通制度设计

为促进公司各部门及各岗位人员的相互交流，培养正确的沟通心态，把积极的沟通变成一种习惯，使每一个岗位对上对下的沟通都变成一种需求，在沟通中提高工作效率和准确度，减少误解和矛盾，融洽工作关系，增进同事感情，同时建立良好、健康的问题反映及解决渠道，需要制定相关制度。

H公司管理沟通制度

1. 制定目的

建立公司内部正常、顺畅的沟通渠道并形成制度。

2. 适用范围

公司内部涉及文件沟通、会议沟通及其他形式沟通时均适用。

3. 管理权责

（1）行政部权责。

①总经理召开的会议、公司例会、临时性会议的通知、召集，会议资料的准备，会议记录，会议决议追踪及呈报；

②总经理信箱（传统信箱以及电子信箱）的管理，定期收、呈；

③企业制度、正式文件的颁布、发行；

④公司决议事项和总经理指令的通知、传达；

⑤有关事务的联络、协调、督办。

（2）各部门权责。

①出席要求参加的会议、执行会议决议；

②根据会议要求、上级指示或工作需要，向所属部门、员工传达会议决议及公司的政策、规章、要求等；

③定期或不定期向总经理或分管副总作述职汇报及相关业务状况的呈报；

④部门会议的通知、召集、会议资料的准备、会议决议追踪及呈报；

⑤有关事务的联络、协调、督办。

4. 沟通分类

公司组织内部的正常沟通渠道有如下三种形式：

（1）正式的文件（含文书）沟通。

（2）会议沟通（例行会议、临时性会议）。

（3）非正式场合、形式的沟通（总经理信箱、个别交谈等）。

5. 文件（含文书）沟通

（1）规章、制度类文件。

规定各种规章制度及作业程序、作业规范、操作标准并经相关权责负责人审核、批准的正式文件，有专一主题、格式化、适用期长，一般不针对具体个人、具体时间，并在相应范围内必须遵循的基础性制度；公司制订的规章制度，由行政部颁布、发放。

（2）联络、通知类文书。

进行各种具体事务联络、通知、交办、指令、呈报等文书。一般适用期较短，针对性较具体，适用期过后，多数无保存价值或存档年限短。另外，有些临时性或试行性制度也可采用此类形式。

各部门之间、公司内部具体事务联络、协调、知会等事宜办理都可用联络单形式体现、传递。

上级主管、上级部门的事项通知、指令的传达、发布，也都可用《联络单》形式体现。

（3）签（呈）、报告、报表类文书。

下级呈报上级，下属部门呈报直接主管部门、主管部门呈报公司或总经理的述职报告，专项工作汇报、签呈及各项业务报表等，分为定期及不定期的呈递。

定期呈报：生产部的生产计划报表、生产月报表、品质分析报表、毛利预算表、财务收支预算、采购资金计划表等；业务部的业务报表、销售及费用月计划表及相关分析报告等；财务部的财务报表、财务分析报告、责任单位成本绩效报告；下级主管对上级主管的述职报告、工作报告。

不定期呈报：专项工作报告；具体事项呈报核准的签（呈）。

（4）会议记录类文书。

各类会议由主持人指定人员做会议记录，总经理主持召集的会议原则上由行政部负责会议记录；对会议决议涉及具体工作安排，须确认追踪结果，由会议记录者形成《决议事项追踪表》，经主持人指定专人进行追踪、确认。总经理主持会议的决议事项的追踪、确认除非总经理另行指定，原则上由行政部负责；对会议决议涉及一般事项的规定须传达、通知、知会的，由会议记录者形成联络单，经主持人签名确认后，发放相关单位人员；重要会议的会议记录，经主持人签名确认后，由会议记录者复印分发或传阅与会人员或相关人员。

（5）文件沟通途径说明。

①审批、发布。

公司性制度由行政部组织制订，经相关权责主管审核，总经理批准后，颁布、发效；各部门内部制度由部门在不与公司制度相抵触的前提下提出或组织制订，经部门负责人审核，总经理批准后，颁布、发放；报批前须送行政部会审，确认同公司相关制度无矛盾、抵触。

发出的联络单须经发出部门负责人签章确认并抄送（复印）上二级负责人，需回复者须经受文部门负责人签章确认，并抄送（复印）其上二级负责人；须张榜公布的公告、任命、通知等文书发布前，由行政部负责审稿，必要时，上呈总经理审阅（核）方可；所有签（呈）报告、报表均须呈至上二级负责人。

②发放记录。

对传阅的文件、文书，由发放部门要求传阅对象在《传阅记录表》签章记录；对正式发放的文件，由发放部门要求收件者在《文件分发记录表》上签收登录；对联络单、《决议事项追踪表》等文书，必要时，发出部门可要求收文者在《文件分发记录表》签收登录，收文者不得拒签，拒签者予以记过处分。

③传递规定。

文件传递采用专门的文件夹传递，文件夹外除有“××部门专用”字样外，用不同颜色色标区分文件性质：“急件”使用红色色标，“密件”使用白色色标，一般性呈阅文件使用黄色色标，部门间传递文件或部门内传阅文件采用绿色色标；收文者在接收来文后需在规定的时间内着手处理文件中的相关事宜，其中“急件”时限为1小时，其他文件为4小时；文件存档由行政部负责，所有颁布、发放的文件必须存档一份。

6. 会议沟通

(1) 会议类别。

例行性会议、临时性会议。

(2) 例行性会议。

表7–2 例行性会议安排表

序号	会议名称	会议目的	时间	地点	主持人	参加人员
1	周会	总结上周工作,明确改善方向,提出建议	周一	公司会议室	总经理	各部门及业务单位负责人
2	产销协调会议	增强部门之间信息沟通,提升配合度	周一	公司会议室	主管副总	相关部门负责人,总经理指定人员
3	业务会议	总结上周经营状况及本周工作计划	周二	业务单位会议室	业务单位负责人	业务单位各部门负责人
4	新产品开发会议	相互交流,检讨和改善新产品	周二	业务单位会议室	业务单位负责人	指定人员
5	财务会议	总结、分析公司及各业务单位财务状况	周三	公司会议室	总经理	财务部及业务单位会计人员
6	月度经营会议	检讨总结上月经营、管理状况,分析绩效指标完成情况;设定下月经营、管理重点,拟出工作计划与重大决议;公司重大经营、管理决策讨论或发布	每月10日	公司会议室	总经理	各业务单位、各部门负责人以及总经理指定人员

(3) 临时性会议由总经理或相关权责主管依据需要动议召集。

(4) 会议管理。

例行性会议如有变更原则上应提前半个工作日通知，如无变更则不另行通知；临时性会议原则上应至少提前1小时通知参加人员；会议参加者必须准时出席并签到，因故无法到会者，事先须向主持人请假并取得许可，或派代理人出席（代理人应向主持人报备），迟到、早退者须向主持人报备，取得谅解及同意；会议应事先明确主题，与会人员应依据本职工作做好各种准备（包括资料、数据）；主持人应控制会议时间，尽量在规定的时间内结束会议；会议决议的落实情况，应作为下次会议议题之一。

7. 非正规场合、形式的沟通

由行政部设置总经理信箱，并负责定期收集、呈递总经理；除工作接触外，各级负责人应定期或不定期与下属进行交谈沟通，以增进彼此了解，掌握各层次人员的动态信息，帮助决策层把握方向，适当准确地制定相关政策，原则上：

总经理同直接部属每个月应有一次交谈沟通，总经理同下二级部属，每季度应有一次交谈沟通；部门负责人同直接部属每周应有一次交谈、沟通，同其他部属每月应有一次交谈、沟通。

8. 越级沟通

对于正常的工作，各部门员工要养成逐级上报的习惯。但当工作中出现如下情况时，可以进行越级沟通：

(1) 下级对上级汇报的工作内容，提出的意见和建议，多次得不到答复时；

(2) 下级对上级的管理方式产生意见，需要投诉时；

(3) 下级发现上级的违规行为时。

9. 沟通反馈

在各个沟通环节中，凡有需要回复的意见或问题时，沟通双方必须明确反馈的时限。担负反馈的一方，必须在规定时限内给予回复。若在指定时间内未收到回复的，可直接在联络单中向行政部提出投诉，投诉将影响岗位绩效。

10. 沟通评价

(1) 制定统一标准。对于管理沟通相关制度的执行情况，逐项进行研究，制定统一的标准，严格界定合格与不合格的界线；对于合格的细分为合格、良好和优秀三个档次；对于不合格的按照偏差的程度，界定若干等次。

（2）开展考核打分。各部门和业务单位要指派专人负责对管理沟通制度的执行情况进行考评打分，并将结果报送行政部，行政部负责对考评结果进行汇总。

（3）实施奖罚反馈措施。将管理沟通的考评纳入员工的绩效考核中，使之在员工绩效考核中占有一定比重，并与员工绩效工资挂钩。

11.附则

本制度由行政部负责解释，经总经理审批后施行。

● 学习案例

瑞幸咖啡危机

钱治亚于2017年11月创办瑞幸咖啡（简称瑞幸），2018年1月瑞幸咖啡开始试运营，4个月后正式运营，此时瑞幸咖啡已经拥有525家门店。在高效的资本运作和快速扩张的战略影响下，瑞幸咖啡不断增加直营门店数量，并在2019年的5月成功在纳斯达克上市。从试运营到上市，瑞幸咖啡仅用了17个月时间，刷新了中国创业公司最快上市的记录，募集资金近7亿美元，在获得巨额资金的加持下，瑞幸咖啡门店增长的速度不断提高，2019年底的报告中披露，瑞幸咖啡拥有门店数量超过4500家，超越星巴克在中国的门店数量，成为中国第一的连锁咖啡品牌。在门店数量不断增长的背后，是瑞幸咖啡不断通过用大额消费券吸引顾客的营销策略，这导致瑞幸咖啡营销成本和获客成本过高，为后来的财务造假事件埋下伏笔。

一、瑞幸咖啡危机事件

2020年1月31日，著名做空机构浑水公司公开发布了一份长达89页的说明瑞幸企业数据造假的匿名做空分析报告。2月3日瑞幸公司对浑水公司所有指控给予否认。4月2日，瑞幸咖啡在各方压力下承认造假行为。4月3日，中国证监会谴责瑞幸造假行为，表明将依法追究责任到底。4月4日，瑞幸股价再次大跌。4月5日，瑞幸咖啡在发布道歉声明的同时表明将接受第三方机构的彻底调查。在舆论的压力下，瑞幸咖啡也开始调查相关内部人员。5月12日晚，作为对受众的回应，瑞幸咖啡董事会分别终止了钱治亚和刘剑的CEO和COO职务，并任命公司董事兼高级副总裁郭谨一为代理首席执行官。针对企业数据造假危机，瑞幸实施了一系列危机沟通策略。

二、瑞幸咖啡危机沟通

（一）利用公益活动进行沟通

瑞幸咖啡在沟通传播上，通常会结合公益活动，例如，2020年上半年在新冠肺炎疫情期间，考虑到医护人员工作强度大，且不少饮品企业当时已暂停了武汉当地门店的运营，而且当时武汉的物资运营与供给条件又十分有限，资源匮乏，为助力抗击疫情，瑞幸的首台无人咖啡机“瑞即购”与无人售卖机“瑞划算”在武汉正式投入并对医护人员免费使用。从疫情的防控形势来看，零售行业必然走向全面数字化，在疫情期间尤为明显。瑞幸支援武汉抗击疫情等一系列公益活动，不仅向大家展示了瑞幸无人零售两大智能终端，提升了自身的品牌美誉度与品牌忠诚度，增加了瑞幸咖啡的品牌曝光量，而且成功宣传了瑞幸咖啡智能零售的品牌形象，可谓一举两得。

（二）利用消费者的同理心沟通

2021年3月，瑞幸曾在官方公众号上发布了长达 13 分钟的纪录片《记鹿2020》。这段视频，无论是对瑞幸在困境中为员工树立信心，还是在对外界质疑声中传播信任，都起到了重要作用，瑞幸不仅用此方式告诉大家自己的经营现状，以及表明面对危机事件不气馁勇往直前的决心，还获得了一定的曝光量与受众的理解。视频中瑞幸直面这一财务造假事件，坦然承认错误，并表示会用行动来证明自己。

在瑞幸自曝后，“半佛仙人正在装”在微博发布了一个科普瑞幸造假事件的视频火了，但该视频避重就轻、混淆视听，试图将这个视频的关注重点放在了瑞幸咖啡是割了美国资本主义的韭菜，来造福国内消费者的“民族之光”上面。这一宣传视频不但完全掩饰了瑞幸造假的真相，还可能会让不了解金融行业的民众产生诸多混淆，形成不好的影响。该视频发布后，在微博等新媒体平台上形成舆论风波，受众纷纷表示支持，不少群众因此盲目跟风，因“爱国情怀”产生了消费行为，对瑞幸咖啡进行了野性消费，大量购买瑞幸咖啡产品，该视频让瑞幸咖啡销售额大幅提升，也为品牌增加了一定的曝光量，收获了不少“好评”与“支持”，但是盲目跟风并不可取。

（三）利用品牌私域用户转型

财务造假事件曝光后，面对危机瑞幸咖啡从自身所拥有的巨大的流量池着手进行快速爆发式增长获客，在充分运用社交经济的思维下，运用App和微信小程序等手段进行拉新。

瑞幸咖啡采用大额优惠券的方式来拉新获客，利用产品让利的方式不定期开展优惠券发放活动，并且通过App消息推送、短信推送以及社交圈分享裂变的方式传播，提高新老顾客的复购率，提高购买量，这就使得瑞幸咖啡以最快的速度积累了客户群体，获得了更多的数据，而积累下来的数据在后期店铺运营方面发挥至关重要的作用。

瑞幸咖啡的引流方式主要有以下几种：一是门店导流，在瑞幸咖啡所有门店的收银台前均会有入群的二维码卡片指引，店员也会引导客户进群；二是公众号导流，瑞幸咖啡公众号的粉丝数量至少在百万以上，因此坐拥强大的粉丝基础，目前会为瑞幸咖啡的微信交流群进行推文导流，增加曝光量；三是小程序导流，瑞幸咖啡小程序的首页和个人中心都以领大券包的方式吸引用户点击进到引流页，从而将用户转换到私域流量池。

（四）利用明星代言重焕活力

瑞幸咖啡选择了频频上热搜的选秀节目、具备大众话题的明星利路修且引用流行语YYDS，三者之间还能引起一系列的话题延伸。这位明星成天盼着下班的心理，很大程度上和广大打工人达成了共鸣，而该群体正是瑞幸咖啡的目标客户，以及还有利用生椰拿铁这一单品，打造成爆款，使得生椰拿铁供不应求，大家对同款制作的热情度也很高，生椰拿铁一直在热度榜居高不下。对于品牌来说，它们更看重明星是否有热度、知名度，通过举办一些策划活动等，进行事件营销、场景营销等，使品牌具有一定的曝光度与知名度，从而提高产品的购买率与复购率，形成回头客。

事实证明瑞幸咖啡的应对举措是正确的，瑞幸咖啡的生椰拿铁售罄，常常因为缺货登上热搜。受众也在各大媒体平台上对生椰拿铁被刷屏种草，从社交话题讨论上来看，无疑是成功的，既给明星带来了热度，又给自身制造了热点，更给瑞幸咖啡注入了年轻活力，生椰拿铁可以说是瑞幸第一个市场爆款，上线一个月销量超50万杯，到6月单月销量超1000万杯，大大加速了瑞幸实现盈利的进程。这一举措不仅吸引年轻的客户群体，扩大用户群体规模，丰富品牌形象，形成话题提升品牌知名度，最终提高购买量，拉近与目标受众的距离。

2022年3月，瑞幸咖啡发布2021年Q4及全年财报，数据表现亮眼，较2020年的净收入近乎翻一倍。财报显示，2021财年瑞幸总净收入为79.65亿人民币，较2020财年的40.334亿人民币增长了97.5%。在门店数量上，截至2021年年末瑞幸咖啡合计拥有6024家，已超过星巴克中国门店5557家。紧接着，瑞幸就上了一波热搜。“瑞幸门店超过了星巴克”一登榜，大家就纷纷感叹：瑞幸这是翻身了！曾经深陷财务造假、遭遇强制退市的瑞幸，实现逆风翻盘。门店数量超过星巴克，瑞幸又行了。

（资料来源：沈月娥，《老字号品牌营销》2022/02；于丽言，《销售与市场》2022/05）

附　录

常用管理工具简介

一、决策树

1. 工具简介

工具名称	决策树(Decision Tree)
定义	决策树分析法是在已知各种情况发生概率的基础上,通过构成决策树来估算期望值,评估项目风险,判断项目可行性的决策分析方法,是直观运用概率分析的一种图解法。它将决策过程各个阶段的结构绘制成一张树状图,每个决策或事件(自然状态)都可能引出两个或多个事件(每个事件发生的概率已知或可推测),并导致不同的结果。
基本结构图示	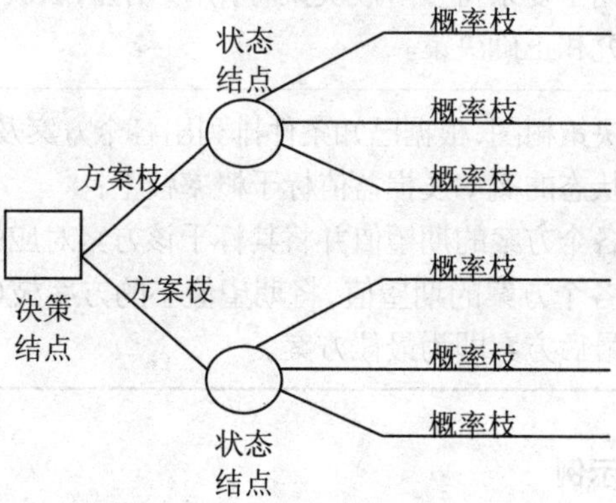
工具说明	① 先画一个方框作为出发点,即决策结点; ② 从出发点向右引出若干条直线——方案枝; ③ 在每个方案枝的末端画一个圆圈,即概率分叉点,或自然状态点; ④从自然状态点引出代表各自然状态的分枝——概率枝。

（续表）

适用范围	用于基于概率估算的风险型决策。如企业管理实践中遇到的下述问题：若干个可行性方案制订出来了，分析企业内、外部环境，大部分条件是已知的，但还存在一定的不确定因素。每个方案的执行都可能出现几种结果，各种结果的出现有一定的概率，企业决策存在着一定的胜算，也存在着一定的风险。这时，决策的标准是期望值，即各种状态下的加权平均值。
前提条件	① 具有决策者期望达到的明确目标； ② 存在决策者可以选择的两个以上的可行备选方案； ③ 存在着决策者无法控制的两种以上的自然状态（如气候变化、市场波动、经济发展动向等）； ④ 决策者能估计出不同自然状态发生的概率； ⑤ 不同行动方案在不同自然状态下的收益值或损失值（损益值）可以计算出来。
特点	①便于有次序、有步骤、直观而又周密地考虑问题； ②能直观地显示出整个问题在决策程序的不同阶段的决策过程； ③在应用于复杂得多阶段决策时，阶段明显，层次清楚，便于决策机构集体研究和正确决策。
使用步骤	①绘制决策树图，根据已知条件排列出各个方案及各种自然状态； ②将各状态的概率及损益值标于概率枝上； ③计算各个方案的期望值并将其标于该方案对应的状态结点上； ④比较各个方案的期望值，将期望值小的方案枝（即劣等方案）剪掉，所剩的最后方案即为最佳方案。

2. 工具应用示例

某服装公司正在考虑扩大生产能力。它可以有以下几个选择：什么也不做；建一个小厂；建一个中型厂；建一个大厂。新增加的设备将生产新型面料的服装，目前该产品的市场潜力还是未知数。如果市场较好，建一个大厂可实现100万元利润，建中型厂将获得60万元利润，建小型厂将获得40万元利润。而如果市场不好，建大厂则会损失90万元，建中型厂将损失10万元，建小型厂将损失5万元。最近的市场研究表明，未来市场好的概率是0.4，市场不好的概率是0.6。

利用决策树来为该公司做出扩大生产能力的决策（如下图所示）：

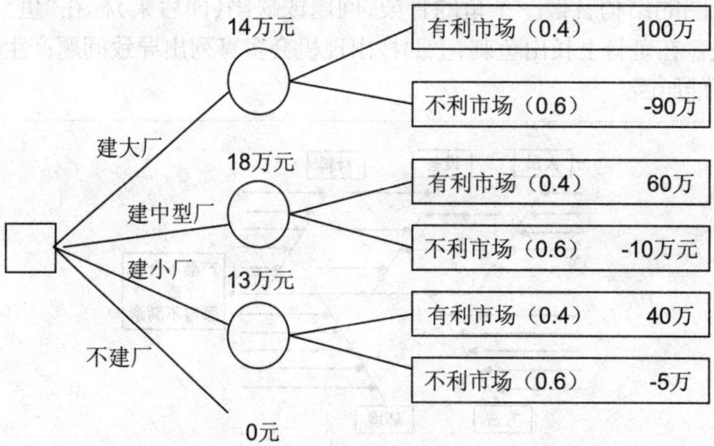

某服装公司扩大生产能力的决策树图

E（建大厂）=0.4×100+0.6×(−90)=−14（万元）

E（中型厂）=0.4×60+0.6×(−10)=18（万元）

E（建小厂）=0.4×40+0.6×(−5)=13（万元）

E（不建厂）= 0

能产生最大期望值的方案就是最优方案。基于上述计算，该公司应该建一个中型厂，适度扩大生产能力。

二、鱼骨图

1. 工具简介

工具名称	鱼骨图/因果分析图/石川图（Cause & Effect/Fishbone Diagram）
发明者	石川馨（Kaoru Ishikawa）

（续表）

定义	鱼骨图是由日本管理大师石川馨开发出来的，故又名石川图。鱼骨图是一种发现问题“根本原因”的方法，它也可以称为“因果图”。鱼骨图的结构就像一条鱼的骨架，问题或缺陷（即后果）标在“鱼头”处。在鱼骨上长出鱼刺，上面按出现机会多寡列出导致问题产生的可能原因。
基本结构图示	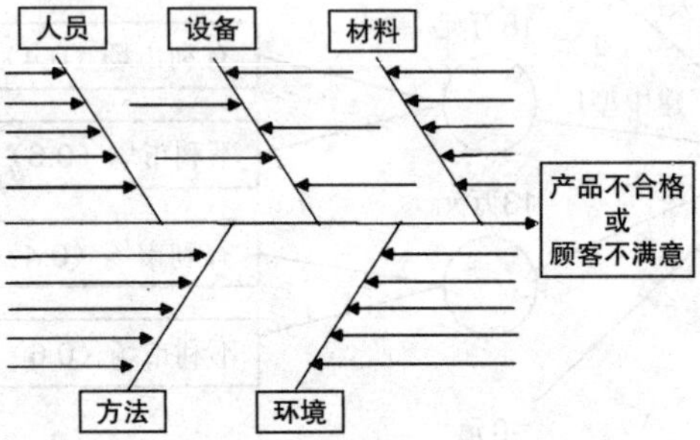
工具说明	① 针对问题点，选择层别方法（如人员、设备、材料、方法、环境等）； ② 分别从各类别找出所有可能原因（因素）； ③ 将找出的各因素进行归类、整理，明确其从属关系； ④ 分析，选取重要因素； ⑤ 检查各因素的描述方法，确保语法简明、意思明确。
原理或思路	问题的特性总是受到一些因素的影响，通过头脑风暴找出这些因素，将它们与特性值一起，按相互关联性整理而成，层次分明、条理清楚，并标出重要因素，形成鱼骨图。
适用范围	鱼骨图原本用于质量管理。 咨询人员经常使用鱼骨图进行因果分析。鱼骨图可以用来说明各原因之间如何相互影响，也能表现出各个可能的原因是如何随时间而依次出现的。这有助于着手解决问题。 另外，鱼骨图也可以用在生产管理中，形象地表示生产车间的流程。
特点	① 简捷实用，比较直观； ② 是一种透过现象看本质的分析方法。

（续表）

分类	整理问题型鱼骨图	各要素与特性值间不存在因果关系，而是结构构成关系。
	原因型鱼骨图	鱼头在右，特性值通常以"为什么……"来写。
	对策型鱼骨图	鱼头在左，特性值通常以"如何提高/改善……"来写。
使用步骤	① 查找要解决的问题； ② 把问题写在鱼骨的头上； ③ 召集同事共同讨论问题出现的可能原因，尽可能多地找出问题； ④ 把相同的问题分组，在鱼骨上标出； ⑤ 根据不同问题征求大家的意见，总结出正确的原因； ⑥ 拿出任何一个问题，研究为什么会产生这样的问题； ⑦ 针对问题的答案再问为什么； ⑧ 当认为无法继续进行时，列出这些问题的原因，而后列出至少20个解决方法。	

2. 工具应用示例（原因型鱼骨图）

某公司的市场份额少，公司希望能找到造成该问题的主要原因，以便采取相应对策。我们可以利用鱼骨图来分析该公司的市场营销问题，如下图所示：

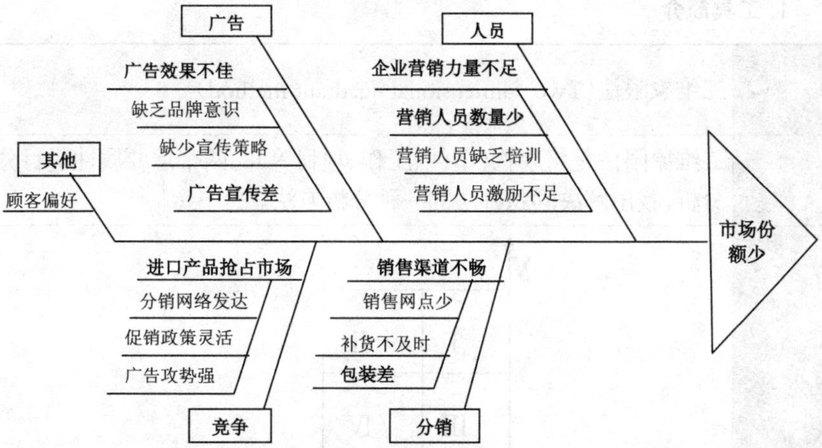

某公司市场营销问题鱼骨分析图

（1）图中的“鱼头”表示需要解决的问题，即该公司的产品在市场中所占份额少。

（2）根据调查，可以把产生该公司市场营销问题的原因概括为5类，即人员、分销、广告、竞争和其他。每一类中包括若干引发这些原因的可能因素，如营销人员数量少、销售网点少、缺少宣传策略、进口产品广告攻势强等。将5类原因及其相关因素分别以鱼骨分布态势展开，形成鱼骨分析图。

（3）接下来找出产生问题的主要原因，为此可以根据调查的数据计算出每种原因或相关因素在产生问题过程中所占的比重，以百分数表示。例如，通过计算发现，“营销人员数量少”在产生问题过程中所占比重为36%，“广告宣传差”为25%，“包装差”为20%，三者在产生问题过程中共占81%的比重，可以被认为是导致该公司市场份额少的主要原因。如果我们针对这三大因素提出改进方案，就可以解决整个问题的81%。该例也反映了“20/80原则”，即根据经验规律，20%的主要原因往往产生80%的问题，如果由于条件限制，不能100%解决问题，只要抓住少部分（如20%）的关键原因，就能够取得80%的解决问题的成效。

三、二维象限法

1. 工具简介

工具名称	二维象限法(Two-dimensional quadrant method)
定义	二维象限法是将事物(事件、工作、项目等)的两个重要属性进行分类分析,找出解决问题办法的一种分析方法。
基本结构图示	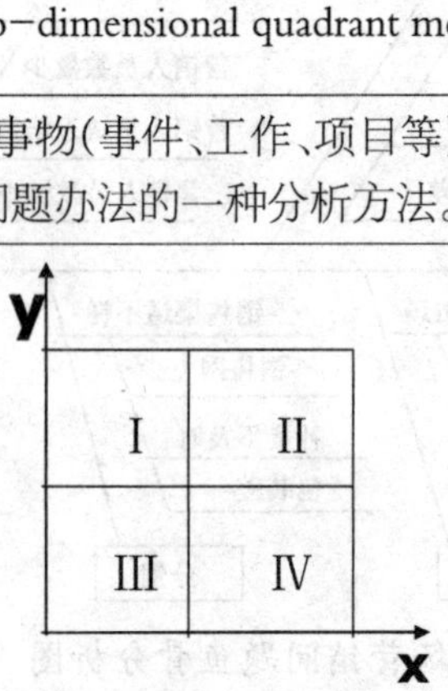

(续表)

工具说明	将事物的一个重要属性作为x轴,另一个重要属性作为y轴,组成一个坐标轴,再在坐标轴上进行刻度划分,用直线画成“田”字形。这样就形成了二维四象限的分析方块。 x轴、y轴的刻度以数字和大小、高低、长短、是否等来概括一种情况下的两种表现。对于刻度表现的判断有定量和定性两种方法,通常采用定性的方法,个人或团体根据对事物属性的认识判断来评定刻度表现。 在分析的过程中,对每个分析对象进行两个属性的分析、权衡,逐一填入每个象限方块中。
适用范围	二维象限分析法在营销管理活动中广泛应用,对销售管理起到指导、促进、提高的作用。在战略分析、产品分析、市场分析、客户管理、员工管理、时间管理、领导艺术等方面都有使用。
特点	① 直观清晰; ② 注重分类; ③ 简便; ④ 使用范围广。

2. 工具应用示例(企业客户的信用管理)

客户信用管理是在与企业客户合作中经常遇到的一个棘手问题。到底该给某个客户多少铺底、多少赊欠和结算时间安排,这需要根据不同客户的信用来决定。运用二维象限分析法,能容易地达到管理的效果。

如下图所示,企业可以将客户信用的两个重要属性定义为还款能力和交易历史记录两方面。

客户信用评估的二维象限图

还款能力主要反映客户的利润状况（毛利率×销售收入–销售费用=利润额），尤其注意销售额高、但没有毛利或毛利趋于0的客户，他们每年基本上是没有什么利润的，还款能力不强。也要注意那些销售费用比较高的客户，因为在客户的毛利率不高的情况下，销售费用太高，资金周转率一般时，也是没什么利润的，同样没有偿还能力。

交易历史记录指的是客户与公司发生业务的几年内的交易记录，包括平均账期、平均赊欠额、还款时间、还款是否及时等（如果是新客户，则通过调查该客户与其主要产品供应商的交易历史情况，调查项目相同）。这样根据交易历史记录就可以判断出客户是否守信用。对于守信用的客户，可以允许其赊欠；不守信用的客户，则不能赊欠。

这样就将客户的信用情况划分为四个类别，对每个类别的客户分别采取相宜的管理措施。如：对于处在第Ⅰ象限的客户（强+优）就可以按公司核定的赊欠额给予赊欠，不需要过多地关注，客户会按时将款还上。对于处在第Ⅱ象限的客户（强+差）就要经常提醒、督促回款，制订出向这类客户定时催款的时间表，一到时间就主动与客户联系，提醒客户回款，因为他们有偿还能力。对于处在第Ⅲ象限的客户（差+优）要尽量坚持不能赊欠的原则，即使要赊欠也只能小额。对于处在第Ⅳ象限的“双差”客户，则绝对不能给予赊欠，否则极有可能成为烂账和呆账，给企业造成损失。

四、甘特图

1. 工具简介

工具名称	甘特图（Gantt chart），又叫横道图、条状图（Bar chart）
定义	甘特图以图示的方式通过活动列表和时间刻度形象地表示出任何特定项目的活动顺序与持续时间。
发明人	亨利·劳伦斯·甘特（Henry L.Gantt），于1917年发明。

（续表）

基本结构图示	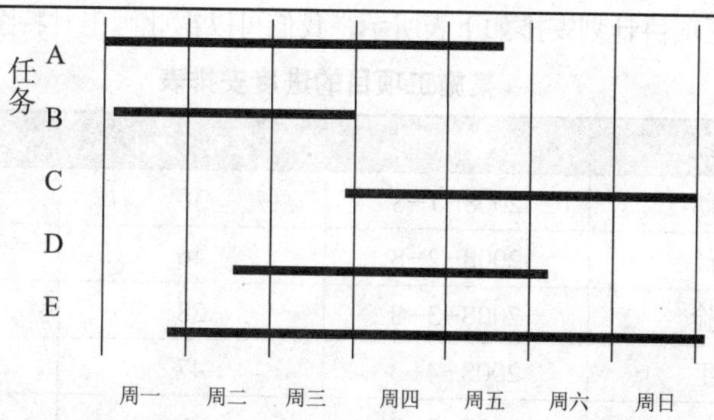
工具说明	在甘特图中，横轴方向表示时间，纵轴方向并列机器设备名称、操作人员和编号等。图表内以线条、数字、文字和代号等表示计划（实际）所需时间、计划（实际）产量、计划（实际）开工或完工时间等。
原理或思路	以图示的方式通过活动列表和时间刻度形象地表示出任一特定项目的活动顺序与持续时间。横轴表示时间，纵轴表示活动（项目），线条表示在整个期间上计划和实际的活动完成情况。它直观地表明任务计划在什么时候进行以及实际进展与计划要求的对比。管理者由此可便利地弄清一项任务（项目）还剩下哪些工作要做，并可评估工作进度。
分类	按照所反映的内容不同，可分为计划图表、负荷图表、机器闲置图表、人员闲置图表和进度表等五种形式。
适用范围	甘特图被广泛地应用于项目管理中。它可以用来预测时间、成本、数量及质量上的结果，帮助管理者考虑人力、资源、日期、项目中重复的要素和关键的部分。通过甘特图，可以直观地看到任务的进展情况、资源的利用率等等。
特点	① 图形化，易于理解，操作简单； ② 只反映了项目管理的一部分，主要关注进度管理（时间）。 ③ 不适合于太复杂的关系。
制作步骤	① 在纵轴列出项目中的各项活动； ② 在横轴列出连续的各个时间段； ③ 在坐标图中标出每项工作所需的时间长度的横条。

2. 工具应用示例

某施工项目计划安排如下表所示，我们可以据此画出甘特图。

某施工项目的进度安排表

任务	开始时间	工期(天)	完成时间
启动	2008-1-8	30	2008-2-7
设计	2008-2-8	46	2008-3-25
实验	2008-3-8	28	2008-4-5
施工	2008-4-3	47	2008-5-20
验收	2008-5-8	20	2008-5-28

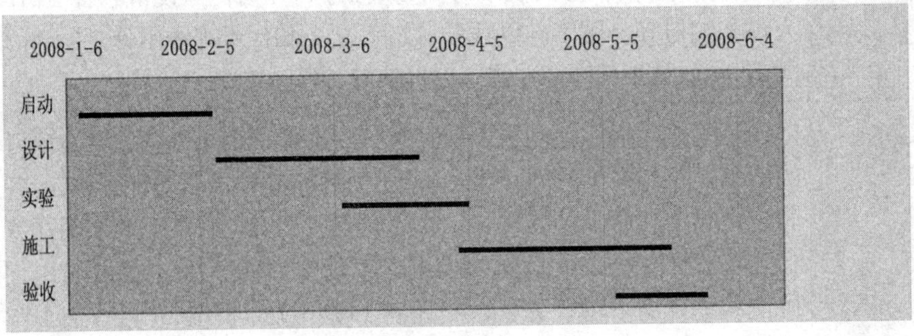

某施工项目的甘特图

五、关键路径法

1. 工具简介

工具名称	关键路径法(Critical Path Method,CPM)
发明者	雷明顿-兰德公司(Remington-Rand)的JE Kelly,杜邦公司的MR Walker,1957年提出。
定义	关键路径法是一种计划管理方法。它用网络图表示各项工作之间的相互关系,找出控制工期的关键路径,在一定工期、成本、资源条件下获得最佳的计划安排,以达到缩短工期、提高工效、降低成本的目的。

（续表）

基本结构图示	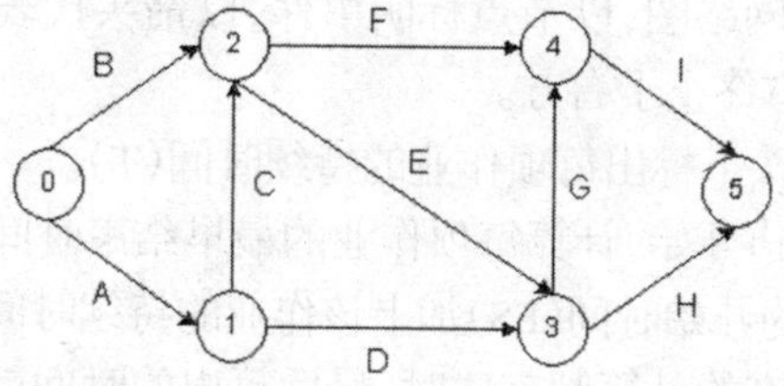
工具说明	对于一个项目而言，只有项目网络中最长的或耗时最多的活动完成之后，项目才能结束，这条最长的活动路线就叫关键路径（Critical Path）。组成关键路径的活动称为关键活动。
原理或思想	关键路径法是一个动态系统，它会随着项目的进展不断更新，该方法采用单一时间估计法，其中时间被视为一定的或确定的。 在项目管理中，编制网络计划的基本思想就是在一个庞大的网络图中找出关键路径，并针对各关键活动，优先安排资源，挖掘潜力，采取相应措施，尽量压缩时间。而对非关键路径的各个活动，则可在不影响工程完工时间的条件下，抽出适当的人力、物力和财力等资源，用在关键路径上，以达到缩短工期、合理利用资源等目的。 在执行计划过程中，可以明确工作重点，对各个关键活动加以有效控制和调度。
适用范围	适用于已有实际经验的项目，各活动所需作业时间能够确定，有很多作业而且必须按时完成的项目。这种方法能推算出项目的最短完成时间和项目各项活动的可能开始和结束时间。
特点	① 为项目管理提供了重要的帮助，特别是为项目及其主要活动提供了图形化的显示，这些量化信息为识别潜在的项目延迟风险提供极其重要的依据； ② 不适合大型项目（比如包含上千个活动的项目）； ③ 实践中各个工作之间的优先关系未必十分明确，各个活动时间经常需要利用概率分布来估计时间点，有可能发生偏差。这都可能导致关键路径法失效。

(续表)

使用步骤	① 画出网络图,以节点标明事件,以箭头代表作业。习惯上项目开始于左方终止于右方。 ② 在箭头上标出每项作业的持续时间(T)。 ③ 从左边开始,计算每项作业的最早结束时间(EF)。该时间等于最早可能的开始时间(ES)加上该作业的持续时间。 ④ 当所有的计算都完成时,最后算出的时间就是完成整个项目所需要的时间。 ⑤ 从右边开始,根据整个项目的持续时间决定每项作业的最迟结束时间(LF)。 ⑥ 最迟结束时间减去作业的持续时间得到最迟开始时间(LS)。 ⑦ 每项作业的最迟结束时间与最早结束时间的差额或者最迟开始时间与最早开始时间的差额就是该作业的时差。 ⑧ 如果某作业的时差为零,那么该作业就在关键路径上。 ⑨ 项目的关键路径就是所有作业的时差为零的那条路线。

2. 工具应用示例

例一：寻找关键路径。

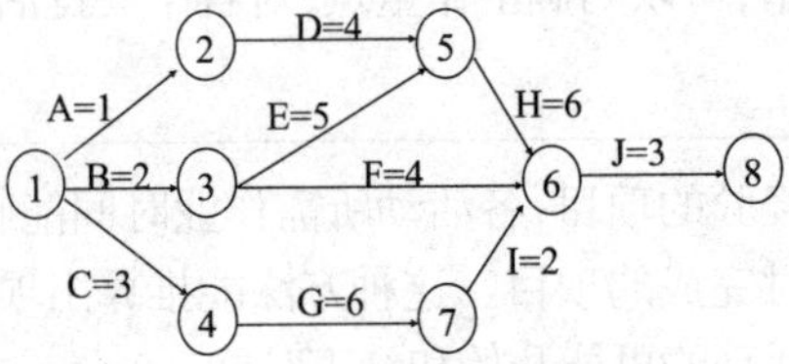

路径a：A—D—H—J　长度=1+4+6+3=14天

路径b：B—E—H—J　长度=2+5+6+3=16天

路径c：C—G—I—J　长度=3+6+2+3=14天

因为关键路径是整个网络图中耗时最长的路径，所以路径b（即B-E-H-J）是该项目的关键路径。

例二：已知某项工作作业顺序及时间如下表所示，绘制网络图，确定关键路径，并根据关键路径确定工程周期。

活动名称	紧前工序	活动时间	活动名称	紧前工序	活动时间
A	——	4	F	C、D	9
B	——	6	G	C、D	7
C	A	6	H	E、F	4
D	B	7	I	G	8
E	B	5			

① 绘制网络图：

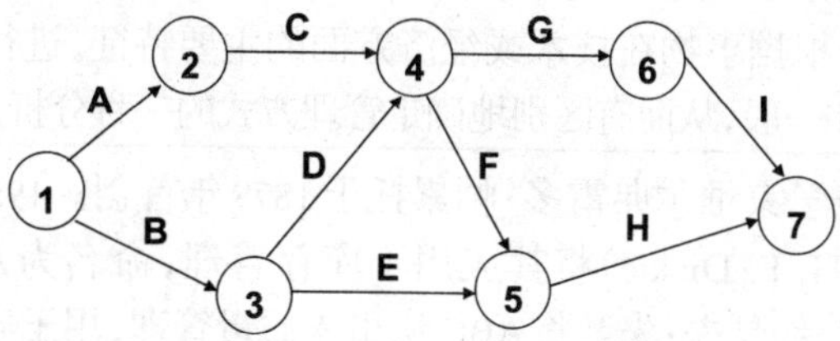

② 计算时差：

活动	工时	ES	LS	EF	LF	时差
A	4	0	3	4	7	3
B	6	0	0	6	6	0
C	6	4	7	10	13	3
D	7	6	6	13	13	0
E	5	6	19	11	24	13
F	9	13	15	22	24	2
G	7	13	13	20	20	0
H	4	22	24	26	28	2
I	8	20	20	28	28	0

注：ES–最早开始时间，LS–最迟开始时间，EF–最早结束时间，LF–最迟结束时间。

③ 确定关键路径（时差为0的路径）：

B—D—G—I：工程周期=6+7+7+8=28天

六、ABC分类法

1. 工具简介

工具名称	ABC分类法（Activity Based Classification）
定义	ABC分类法又称帕累托分析法、主次因素分析法、分类管理法、重点管理法等。它是根据事物在技术或经济方面的主要特征，进行分类排队，分清重点和一般，从而有区别地确定管理方式的一种分析方法。
首创者与推广者	由意大利经济学家维尔弗雷多·帕累托于1879年首创。1951年，管理学家戴克（H. F. Dickie）将其应用于库存管理，命名为ABC法。1951—1956年，约瑟夫·朱兰将ABC法引入质量管理，用于质量问题的分析，被称为排列图。在彼得·德鲁克（P. F. Drucker）推广下，ABC法在企业广泛应用。
原理或思路	在决定一个事物的众多因素中分清主次，识别出少数的但对事物起决定性作用的关键因素和多数的但对事物影响较小的次要因素。 "20/80"原则是ABC分类法的指导思想。它提示人们，不同的因素在同一活动中起着不同的作用，在资源有限的情况下，注意力应该放在起关键作用的因素上。
基本结构图示	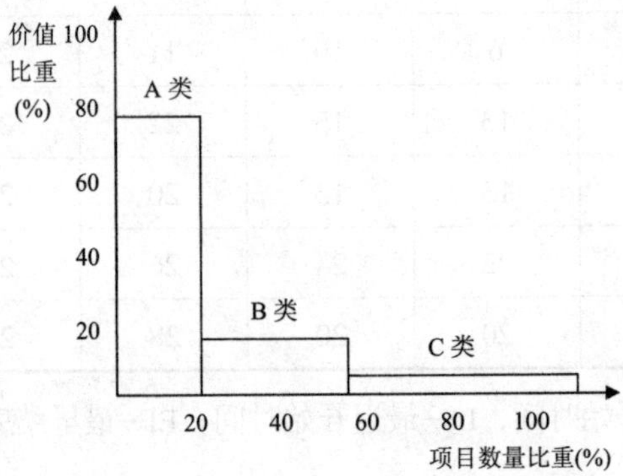

（续表）

工具说明	按重要程度(价值),如金额大小,对事物进行排序并分别归入A、B、C等不同类别,实施区别管理。
适用范围	库存管理,质量管理,投资管理,等等。
特点	区分事物的重要程度,从而使管理者可以把重点放在重要问题上,把资源优先分配给重要项目。
使用步骤	① 收集数据; ② 处理数据; ③ 制作ABC分析表; ④ 根据ABC分析表确定分类; ⑤ 绘制ABC分析图。

2. 工具应用示例

以某公司库存管理为例来说明如何进行ABC分类。如下表所示：

① 计算每一种材料的金额；

② 按照金额由大到小排序并列成表格；

③ 计算每一种材料金额占库存总金额的比率；

④ 计算累计比率；

⑤ 分类。累计比率在0%～60%之间的，为最重要的A类材料；累计比率在60%～85%之间的，为次重要的B类材料；累计比率在85%～100%之间的，为不重要的C类材料。

材料名称	料号	年使用量	单价	金额	占总金额比率	累计比率	分类
a					25%	25%	A类
b					16%	41%	
c					8%	49%	
d					6%	55%	
e					5%	60%	
f					2%	62%	B类
g					1.8%	63.8%	
h					1.5%	65.3%	

（续表）

i					1.4%	66.7%	
j					1.3%	68.0%	
…					…	…	
o					1%	85%	
p					0.8%	85.8%	C类
q					0.5%	86.3%	
…					…	…	
w					0.02%	100%	
合计					100%		

七、PDCA循环

1. 工具简介

工具名称	PDCA循环
定义	PDCA循环又叫戴明环，它是全面质量管理所应遵循的科学程序。PDCA分别为英语单词Plan（计划）、Do（执行）、Check（检查）和Action（处理）的第一个字母，PDCA循环就是按照这样的顺序进行质量管理，并且循环不止地进行下去。
首创者与推广者	美国质量管理专家休哈特博士首先提出，戴明采纳、宣传，并使之获得普及，从而也被称为“戴明环”。
基本结构图示	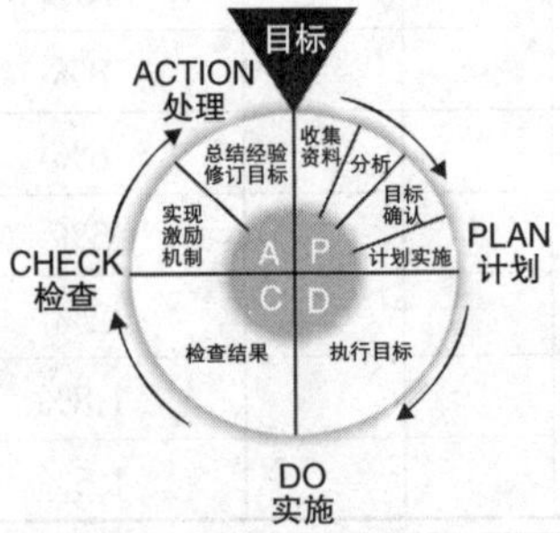

（续表）

工具说明	PDCA循环是能使任何一项活动有效进行的一种合乎逻辑的工作程序。 P(Plan)——计划。包括方针和目标的确定以及活动计划的制订。 D(DO)——执行。执行就是具体运作，实现计划中的内容。 C(Check)——检查。就是要总结执行计划的结果，分清哪些对了，哪些错了，明确效果，找出问题。 A(Action)——处理。对检查的结果进行处理，认可或否定。成功的经验要加以肯定，或者模式化或者标准化以适当推广；失败的教训要加以总结，以免重现。这一轮未解决的问题放到下一个PDCA循环。	
适用范围	质量管理，绩效管理，项目管理，新产品开发管理，等等。	
特点	① 大环带小环。如果把整个企业的工作作为一个大的PDCA循环，那么各个部门、小组还有各自小的PDCA循环，就像一个行星系一样，大环带动小环，一级带一级，有机地构成一个运转的体系。 ② 阶梯式上升。PDCA循环不是在同一水平上循环，每循环一次，就解决一部分问题，取得一部分成果，工作就前进一步，水平就提高一步。到了下一次循环，又有了新的目标和内容，更上一层楼。 ③ 科学管理方法的综合应用。PDCA循环应用统计处理方法以及工业工程(IE)中的方法，作为进行工作和发现、解决问题的工具。	
使用步骤	P	① 分析现状，找出问题； ② 分析各种影响因素或原因； ③ 找出主要影响因素； ④ 针对主要原因，制定措施计划；
	D	⑤ 执行、实施计划；
	C	⑥ 检查计划执行结果；
	A	⑦ 总结成功经验，制定相应标准； ⑧ 把未解决或新出现的问题转入下一个PDCA循环。

2. 工具应用示例

海尔集团运用PDCA工作循环法实施对销售任务的计划、组织和控制。

P：每年年终，集团各产品本部根据本年度的销售完成情况，结合产品的发展趋势等综合信息，制订下一年度的销售计划。然后，把这一计划分解到全国的11个销售事业部。各销售事业部根据下属的各工贸公司上一年度的销售任务完成情况及市场分析，再分解到各工贸公司，进行层层分解……

D：各部门有不同的职责及指标，按计划、按要求去执行。

C：各级管理部门按计划与要求检查督促，随时找出差距及原因，及时纠偏，提出改进的措施，使后面的工作有较好的进展。

A：到了年底，进行全面的总结，找出不足，肯定成绩，进一步完善经验，从而使得下一年的计划做得更好，不断提升绩效水平。

八、STAR法则

1. 工具简介

工具名称	STAR法则/原则
定义	STAR，即Situation（情景）、Target（目标）、Action（行动）和Result（结果）四个英文单词的首字母组合。它指的是人们在描述一个事件时如何简单扼要地传递关键信息，即从当时所处情景、本来的目标、采取的行动以及得到的结果这四个方面来描述事件。
基本结构图示	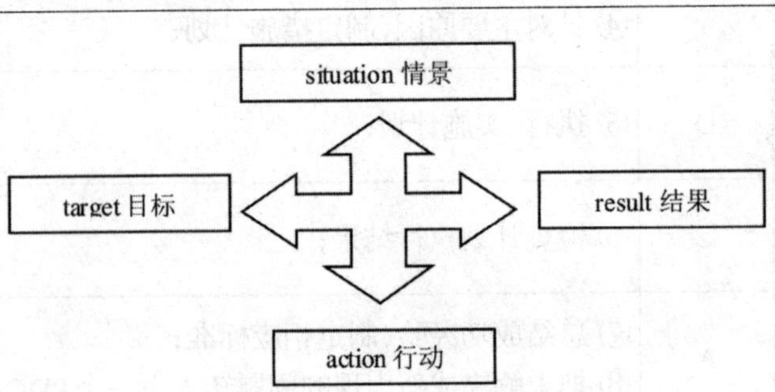

（续表）

适用范围	员工报告某个事件。 主管在日常工作中观察并记录员工的关键事件(即绩效很好或很差的表现)。 面试时要求应聘者描述他在某个岗位的任职期间曾经做过的某件重要的事,包括事件发生时的背景情况(S)、他/她承担角色的任务目标(T)、他/她当时所采取的行动(A)、该项任务在行动后所达到的结果(R)。考察应聘者是否从事过其在简历中所描述的职位的工作,以及是否具备该职位所必需的相应能力。
特点	简单,容易操作,可以将焦点集中于关键的信息,而不是浪费在不相关的琐事上。

2. 工具应用示例

面试问题：请讲出一件你通过学习尽快胜任新的工作任务的事情。在应聘者回答后，继续追问：

（1）这件事发生在什么情况下？------------------------S

（2）你的工作任务是什么？---------------------------T

（3）接到任务后你怎么做？---------------------------A

（4）你用了多长时间获得完成该任务所必需的知识？（了解学习能力等）

（5）你在这个过程中遇到困难了吗？（了解坚忍性，以及处理事件的灵活性）

（6）你最后完成任务的情况如何？----------------------R

九、平衡计分卡

1. 工具简介

工具名称	平衡计分卡(Balanced Scorecard,BSC)
定义	平衡计分卡是一种绩效管理工具。它将企业战略目标逐层分解转化为各种具体的相互平衡的绩效考核指标体系,并对这些指标的实现状况进行不同时段的考核,从而为企业战略目标的完成建立起可靠的执行基础。

(续表)

发明者	哈佛大学教授Robert Kaplan与美国复兴全球战略集团创始人兼总裁 David Norton,于20世纪90年代提出。
基本结构图示	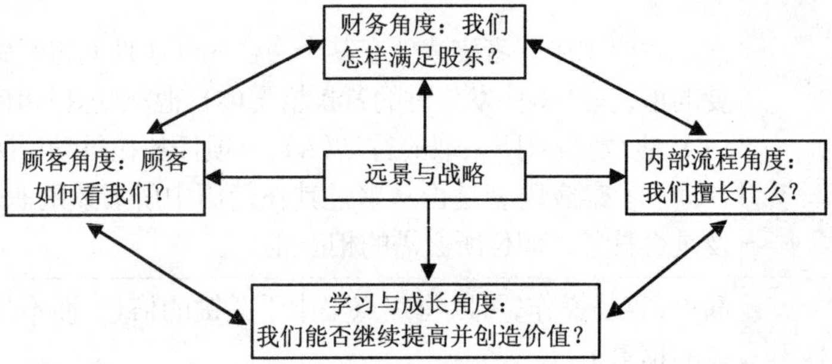
适用范围	企业的战略规划与实施管理,企业的战略绩效管理,等等。
特点	BSC打破了传统的单一使用财务指标衡量业绩的做法,在财务指标的基础上加入了未来驱动因素,即客户因素、内部经营管理过程和员工的学习成长。与传统的以财务衡量为主的组织绩效评价方法相比,BSC有以下特点: ① 实现了长期目标与短期目标的平衡; ② 实现了财务目标与非财务目标的平衡; ③ 以因果关系为纽带; ④ 把制定战略与实施战略紧密地联系起来。
前提条件	企业必须具有较好的管理基础(如有效的沟通和组织管理系统,通畅的信息交流和对绩效考核达成共识等)。企业有明确的战略,高层管理者具备分解和沟通战略目标的能力和意愿,中高层管理者具有指标创新的能力和意愿。
使用步骤	① 建立与倡导公司的愿景和战略; ② 设计绩效指标体系; ③ 加强企业内部的沟通和培训; ④ 确定每年、每季、每月的绩效标准,并与公司的计划和预算相结合; ⑤ 完善绩效指标体系。

2. 工具应用示例

（1）美孚石油（Mobil Oil）美国营销及炼油事业部。

1993年引入平衡计分卡，帮助美孚从一个高度中央集权的、以生产为导向的石油公司转变为一个分权的、以客户为导向的组织。产生的结果是迅速和富有戏剧性的。1995年，美孚的行业利润率从最后一名跃居第一名，并连续四年保持了这个地位（1995—1998），投资回报率位居同行业榜首。

（2）信诺保险集团（CIGNA Insurance）财产及意外险事业部。

1993年引入平衡计分卡，帮助信诺从一个亏损的多元化经营者，转变成一个位居行业前列、专注主营业务的企业。两年内，信诺扭亏为盈。

（3）中石油华北油田。

2008年引入平衡计分卡，帮助油田改善管理，提高集团公司的战略执行力，加速信息化油田建设。平衡计分卡明确地说明了战略的重点，并为在战略与预算间建立联系提供了构架。一年内，利润增长了12%。

参考文献

1. ［美］约瑟夫·J. 马尔托奇奥. 战略薪酬［M］. 北京：社会科学文献出版社，2002年版.

2. 余绪缨，蔡淑娥. 企业经济活动分析［M］. 武汉：武汉大学出版社，1998年版.

3. 卢盛忠，余凯成. 组织行为学——理论与实践［M］. 杭州：浙江教育出版社，1993年版.

4. ［美］约瑟夫·M. 普蒂，海茵茨·韦里奇，哈罗德·孔茨. 管理学精要（亚洲篇）［M］. 北京：机械工业出版社，1999年版.

5. ［美］菲利普·科特勒，洪瑞云，梁绍明，陈振忠. 市场营销管理（亚洲版）［M］. 北京：中国人民大学出版社，1997年版.

6. 伍翼程，李倩兰，李乐群. 市场营销原理与实务［M］. 长沙：中南大学出版社，2004年版.

7. ［美］大卫·A. 威坦，金·S.卡梅伦.《管理技能开发》［M］，北京：清华大学出版社，2004年版.

8. ［英］理查德·潘汀吉尔. 管理技能［M］. 北京：经济管理出版社，2008年版.

9. ［美］加里·德斯勒. 人力资源管理［M］. 北京：中国人民大学出版社，2001年版.

10. ［美］杰弗里·梅洛. 战略人力资源管理［M］. 北京：中国财政经济出版社，2004年版.

11. 颜爱民，方勤敏. 人力资源管理［M］. 北京：北京大学出版社，中国林业出版社，2007年版.

12. 钟金霞，谭谊，黄慧. 管理学基础［M］. 长沙：湖南大学出版社，2007年版.

13. 苏东水. 管理心理学［M］. 上海：复旦大学出版社，2004年版.

14. [美] 梅尔·西尔伯曼. 咨询师的工具箱 [M]. 北京：机械工业出版社，2002年版.

15. 杨小平等. 项目管理教程 [M]. 北京：清华大学出版社，2012年版.

16. 康青. 管理沟通 [M]，北京：中国人民大学出版社，2012年版.

17. 沈远平等. 管理沟通——基于案例分析的视角 [M]. 北京：中国人民大学出版社，2011年版.

18. 李增泉. 激励机制与企业绩效 [J]. 会计研究，2000（1）.

19. 娄勤. 探索如何完善企业人力资源管理中的激励机制 [J]. 上海商业，2009（10）.

20. 顾英伟，张志强. 企业全面薪酬体系研究 [J]. 现代管理科学，2007（8）.

21. 罗伯特·S. 卡普兰，大卫·P. 诺顿. 平衡计分卡：以测评推动绩效 [J]. 哈佛商业评论，1992（1/2）.

22. 郑照宁等. 用鱼骨图与层次分析法结合进行企业诊断 [J]. 中国软科学，2001（1）.

23. 王锡莉. ABC分类法在企业库存管理中的应用研究 [J]. 现代商贸工业，2009（5）.

24. 徐婷婷. 辽宁展览贸易集团公司管理沟通机制研究 [D]. 大连理工大学，2012（5）.

25. 张尔升，杨红，刘长江.社会信任、管理沟通与企业规模 [J]. 中国国情国力，2010，4（3）：7~9.

26. 刘晓鹏，张晓云，陈晨. 企业管理沟通中存在的问题及其对策 [J]. 商业时代，2011，5（7）：3.

27. 李献龙. 大型国有企业管理沟通体系构建初探——以中国石油下属A炼油公司为例 [D]. 天津大学管理与经济学部，2010.

28. 宋翔. 浅谈企业管理沟通中的文化差异 [D] .华东理工大学管理与经济学部，2010.

29. 罗怡平，何书安，沈莉. 人力资源管理中的沟通问题研究 [J]. 中国市场，2010，27（17）：7.

30. 梁红生.体验式服务——空气净化器专卖店的经营新理念［J］. 现代家电，2007（8）.

31. 王文和. HY公司新型负离子空气净化器市场营销策略研究［D］. 兰州大学硕士论文，2010（4）.

32. 陈莉．2012年10月中国空气净化器市场分析报告［R］. 中关村在线调研报告，2012（12）.